Denken wir uns euch, das Salz der Erde nicht nur, sondern auch den Dünger jedweder Kunst: An wen wollten wir uns denn wenden, wenn es euch nicht gäbe? Glücklicherweise, denn nun liegt es ganz an euch, ob es euch behagt, der vielmaligen Aufforderung dieses Buches zu folgen, euch was zu denken. Mit etwas erzählerischer Hilfestellung dürfte uns das doch nicht allzu schwer fallen. Nun denn, frisch gewagt und fröhlich gelesen:

Robert Gernhardt

DENKEN WIR UNS

Erzählungen

S. Fischer

© S. Fischer Verlag GmbH, Frankfurt am Main 2007
Satz: H & G Herstellung, Hamburg
Druck und Bindung: Clausen & Bosse, Leck
Printed in Germany
ISBN 978-3-10-025510-5

Für Helga

Denken und spielen

Denken wir uns einen Denkspieler. Geben wir ihm den Namen Jorge Louis Borges und schauen wir uns eines seiner Denkspiele einmal etwas genauer an. Zunächst denkt sich Borges einen Deutschen und gibt ihm einen Namen, Otto Dietrich zur Linde. Er läßt ihn 1908 das Licht der Welt erblikken und 1929 in die Partei eintreten. 1945, vor seiner Hinrichtung als KZ-Kommandant, redet die gedachte Person ohne Furcht davon, wie und aus welchen Gründen er diese Laufbahn eingeschlagen hat. Sodann denkt sich Borges einen Juden und gibt ihm den Namen David Jerusalem. Er stellt ihn sich und uns als namhaften Dichter vor, von dessen Denkspielen er den Deutschen, seinen Leser, eines besonders hervorheben läßt: »Ebensowenig werde ich das Monolog-Gedicht ›Rosenkranz redet mit dem Engel‹ vergessen, in dem ein Londoner Pfandleiher in seiner Sterbestunde umsonst seine Verfehlungen zu rechtfertigen sucht, ohne zu ahnen, daß die geheime Rechtfertigung seines Lebens darin besteht, daß er einem seiner Kunden (den er nur ein einziges Mal sah und an den er sich nicht mehr erinnert) den Charakter des Shylock eingegeben hat.«

Da existiert also eine Instanz, die darüber befindet, ob jemand nach Ablauf seiner Lebensbahn zu den Gerichteten oder den Geretteten gehört, wobei wir uns diesen Richter als Asketen zu denken haben, als jemanden, der der gemeinen, kleinen Existenz Absolution erteilt, weil sie den großen

Künstler, und sei es auch nur ein einziges Mal in seinem Leben, inspiriert hat.

Die Kleinen wären demnach für die Großen da. Denkbar wäre freilich auch ein anderer Blick auf die da oben und die da unten. Wenn ein großer Dichter dank Weltgeist oder Gott oder wie immer die Instanz sonst zu benennen ist, den Weg in die Unsterblichkeit findet – warum sollte ein solcher Helfer den kleinen, namenlosen Leuten vorenthalten bleiben? Wobei wohl nicht an DIE Instanz gedacht werden darf, die Oberste und fürs Große Ganze zuständige, vielmehr an jene Unterinstanzen, die sich darum kümmern, daß auch die kleinen Leute hin und wieder mit ein wenig namentlicher Unsterblichkeit bedacht werden. Oder verhält es sich so, daß diese niederen Helfer es nicht ohne Ehrgeiz schaffen können, hin und wieder auch etwas Bleibendes zu leisten? Lassen wir die Antwort dahingestellt, begleiten wir vier dieser Unterinstanzen auf ihrem Weg zur obersten Instanz. Gerade schlägt die Weltuhr das Jahr 1883, da öffnet sich die Flügeltür, und unsere Bittsteller treten in ein gewaltiges Licht, das sie nur deshalb nicht erblinden läßt, weil wir uns diese naturgemäß ohne niedere Sinne vorzustellen haben. Weshalb auch der einem Irrtum verfiele, der glaubt, bei dem folgenden Gespräch eines mit menschlich allzumenschlichem Zuschnitt zu erleben. Alle Verständigung läuft selbstredend durch Gedankenübertragung, sprich in göttlicher Stille, weshalb die folgende Zusammenfassung nur eine sehr ungefähre Vorstellung des Verhandelten geben kann. Versuchen wir es trotzdem, indem wir die Oberinstanz die Summe dessen ziehen lassen, was er soeben von den vier Unterinstanzen erfahren hat: »Vier nichtigen, der Zeit verfallenen und zum Vergessensein verdammten Gestalten also wollt ihr den Anschein der Unsterblichkeit verleihen, obwohl keiner von ihnen während ihres teils noch zu absolvierenden, teils bereits begonnenen Lebensweges irgend etwas von Belang wird leisten können? Einen Landarzt, eine Berliner Tippse, eine in Wien lebende Übersetzerin und wiederum eine in Berlin ansässige Vermieterin, jede für sich soll, wenn es nach euch geht, ohn' all Verdienst und Würdigkeit aus dem Zeitstrudel gerettet werden, auf daß sie im Bewußtsein, wenn auch nicht aller, so doch einiger Nachgeborener für eine Weile weiterleben? Wobei ihr unter einer Weile so etwas wie Jahrhunderte versteht? Gegen große Vorzüge, heißt es, gibt es nur ein Gegenmittel, die Liebe. Was aber hilft gegen große Nachteile? Wobei ich nichts im einzelnen gegen die von euch betreuten Gestalten gesagt haben will, jedoch ist es von großem Nachteil, überliefert werden zu wollen, wenn man sein Leben in Durchschnittlichkeit verbringen und in Durchschnittlichkeit beenden wird. Gegen solch große Defizite gibt es nur ein Gegenmittel, den Ruhm, sprich: einen Berühmten, der all den kleinen Sorgenkindern kraft seines leuchtenden Werks den Anschein von Bedeutung gibt, und die allein aus dem Grunde verleiht, daß sie seinen Lebensweg begleitet oder gekreuzt haben. Gefragt ist also mal wieder ein Jahrhundertmensch. Einer, der die vier Eckpunkte eurer Biographien im Quadrat seiner einen leuchtenden Biographie zu vereinen weiß. Und ihr fragt mich, ob ihr grünes Licht durch die Erschaffung einer solchen Jahrhundertgestalt erhalten könnt? Ihr kennt meine Vorbehalte. Allzu viele Jahrhundertgestalten verträgt so ein Jahrhundert nicht, in Menge geschaffen, sinken sie zu Dekadenfiguren, wenn nicht zu Jahreshanseln hinab! Jedoch in einer Disziplin dürfte noch Luft sein, zumal im deutschen Sprachraum. Aber Finger weg von der Physik! Da sind bereits Einstein, Heisenberg, Max Planck,

Lise Meitner in Arbeit. Nein – denken wir in Richtung Künste, da sehe ich noch Land. Ja, erschafft einen Jahrhundertkünstler – ich werde das Ergebnis eurer Quadratur und dessen Biographie nicht ohne Interesse wahrnehmen!«

Worauf die vier Bittsteller sich unverzüglich zur Beratung zurückzogen, und die oberste Instanz wieder einmal dem Gedanken nachhing, ob es nicht ratsam sei, diese ganzen Berühmten, diese Jahrhundertgestalten gar, gänzlich aus dem Schöpfungsplan zu streichen. Aus Gründen der Gerechtigkeit. Die Glänzenden mochten ja nach ihrem Tode auf lange Zeit abstrahlen und kommende Geschlechter erleuchten und wärmen – zu ihren Lebzeiten fiel ihr Licht auf Gerechte und Ungerechte, und stets waren die letzteren in der Überzahl. Es liebt die Welt, das Strahlende zu schwärzen, memorierte die Instanz, doch unterm Strich läuft es darauf hinaus, daß der Strahlende auch noch die Schwarzen ins Licht der Nachwelt hebt, auf daß die sich so lange ihrer erinnere, solange der Scheinwerfer der Jahrhundertleuchten noch auf sie gerichtet ist.

Neben den Schwarzen gab es natürlich auch die Lichten, jene, die es durchaus verdient hatten, ein wenig an der Unsterblichkeit der Erleuchteten teilzunehmen: die aufopfernde Mutter, der gläubige Freund, die besorgte Frau an seiner Seite, der fördernde ältere Kollege, die hilfreiche Schreibkraft, die späte Geliebte, der wohlwollende Verwandte – doch wie verschwindend klein die Zahl der Würdigen, verglichen mit der Unzahl derer, die es nicht wert waren, daß ihnen auch nur ein Funken Erinnerung eingeräumt wurde: der harte Vater, die mäkelnde Tante, der nichts rausrückende Onkel, der snobistische Klassenkamerad, der sadistische Lehrer, die vergebens Umworbene, die treulose Geliebte, der intrigierende

10

Kommilitone, der verständnislose Professor, der ablehnende Verleger, die bigotte Zimmerwirtin, der tückische Konkurrent, der erfolgreiche Schleimer, der vernagelte Kritiker, der unwürdige Sohn, der borniert Preisrichter, ganz zu schweigen von intriganten Reviermitbesitzern, von mit Fleiß nichts wahrnehmen wollenden Gefährten, von Neidern, Mißgünstigen und Steine-in-den-Weg-Legern – sie alle werden, neben den Guten, zumindest so weit erhellt, daß die Konturen all dieser Pfeifen, Gauner und Erfolgsbremsen nie ganz verlöschen, solange noch das Lämpchen des einst von ihnen allen Befehdeten, Beschimpften, Behinderten und Bekämpften glüht.

»Von Rechts wegen sollte ihrer nicht gedacht werden«, sinnierte die Instanz. Doch wußte sie, daß dieses Recht nicht einzuklagen war, seit sie selber in den Fall Herostrat verwickelt gewesen war. Auch damals hatte sich eine Unterinstanz für diese Pfeife stark gemacht, und sie hatte sich mit der vagen Andeutung einer großen Tat zufriedenstellen lassen: »Darf er das denn?« Worauf der unglückselige Ruhmsucher den Tempel der Diana in Ephesos angezündet und der Rat der Stadt dekretiert hatte, sein Name dürfe keinem Sterblichen mehr über die Lippen kommen. Was er dann freilich derart häufig tat, daß der Name dessen, der nicht erinnert werden sollte, zu einem Markenzeichen für zerstörerische Ruhmsüchtige wurde.

Möglicherweise nicht einmal unverdient, schließlich hatte Herostrat etwas für seinen Nachruhm riskiert. Aber was setzten die aufs Spiel, die einer Jahrhundertgestalt das Leben schwer machten? Unberechtigter war niemand je verewigt worden, als die Mitglieder dieser Mischpoke. Daß man sich der Mörder Cäsars noch erinnerte – in Ordnung. Doch daß noch die unfreundlichste Zimmerwirtin des jungen Beethoven sich an dessen Unsterblichkeit mästen durfte, das war, bei Licht gesehen, unerträglich. Daß diesem Ruhmmißbrauch ein Ende gesetzt werden müsse, bedachte die Instanz. Daß ihm nur zu wehren sei, wenn auf Jahrhundertgestalten ganz und gar verzichtet werde. Daß sie in Zukunft keinen Unterinstanzen mehr Gehör schenken dürfe, die im Interesse der von ihnen betreuten Durchschnittsschicksale immer wieder um die Erlaubnis nachkamen, die ums Licht bemühten Eintagsfliegen flattern zu lassen. Daß sie, die Instanz, erst gegen bessere Einsicht soeben wieder grünes Licht für eine solche Leuchte gegeben hatte, einen jener Leuchttürme, von denen Baudelaire – auch so eine Lichtgestalt – in einem Gedicht geschrieben hatte, sie sendeten einander hoch über der im Dunkel vegetierenden, zeitverfallenen Menge den hellen Schein ihrer Werke von Ewigkeit zu Ewigkeit. Wenn es sich nur so verhielte, dachte die Instanz, wenn da nur nicht Streulicht immer wieder Unwürdige adelte! Daß es auf die soeben von den Unterinstanzen protegierten Figuren nicht zuträfe, hoffte sie, doch dann erinnerte sie sich, daß sich unter den Vieren ja auch eine Zimmerwirtin befunden hatte, ein Wunsch, der Ungutes erwarten ließ ... Hatte es im Leben der Berühmten denn jemals eine überlieferungswürdige Zimmerwirtin gegeben? Waren das nicht allesamt Putz-, oder Geiz-, oder Ruheeinklagungen oder sonstige Werkverhinderungsteufel gewesen? Dunkel glaubte sich die Instanz an eine einzige Ausnahme von dieser Regel erinnern zu können, die Wirtin von ... von ... war wohl doch nicht so berühmt gewesen, der Mann, dachte sie noch, da wurde ihr großer Geist erneut von einer Vielzahl von Unterinstanzen mit ihren nicht enden wollenden Problemen mit Beschlag belegt, weshalb es das beste ist, wenn wir sie ohne weiteres Aufhebens ihren himmlischen Pflichten überlassen und auf den Boden irdischer Tatsachen zurückkehren.

Und Tatsache ist nun mal, daß am 3. 7. 1883 in der schönen Stadt Prag ein Knabe das Licht der Welt erblickte, welcher auf den Namen Franz Kafka getauft wurde. Der aber war naturgemäß kein anderer als das Geschöpf jener Unterinstanzen, die dank seiner auch den folgenden Gestalten zu Bekanntheit und Dauer verholfen hatten: Siegfried Löw, dem Lieblingsonkel des werdenden Dichters, Landarzt im mährischen Kriesch und Anregung für die Erzählung »Ein Landarzt«, Felice Bauer, seiner zweifachen Verlobten, einer Schreibkraft in Berlin, Milena Jesenská, seiner späten Liebe, einer in Wien verheirateten Übersetzerin und – wie begründet doch die Befürchtung der Instanz gewesen war! – einer herzlich bigotte Zimmerwirtin, Vermieterin des ersten Zimmers, das Kafka in Berlin in der Grunewaldstraße 13 zusammen mit Dora Diamant bewohnte, bis er in die Heidestraße 25 umzog, wo er im Februar und März 1924 sich aufhielt, um schließlich Domizil in der Nichtgenanntsollsiewerden-Straße 8 zu finden und auf eine Wirtin zu stoßen, die ihm das Leben noch schwerer machte. Liebloser hatte wohl niemand den Weg der Jahrhundertgestalt gekreuzt, und doch hatte er ihr die gleiche Ehre angedeihen lassen, die seinem Lieblingsonkel widerfahren war. In einer seiner letzten Erzählungen, »Eine kleine Frau«, hat Kafka ihr ein Denkmal gesetzt, erheblich kleiner als jenes, welches Shakespeare seinerzeit dem bis heute unbekannten Londoner Pfandleiher gewidmet hat, aber doch dauerhafter als so manches Erzerne. Hat sich doch sogar ihr Name erhalten, welcher lautet – aber nein, nicht gedacht werden soll ihrer, jedenfalls nicht an dieser Stel-

13

le. Denken wir uns statt dessen – jeder für sich – den Namen jener Zimmerwirtin und jenes Lehrers, die uns das Leben am schwersten gemacht haben. Und bedenken wir, unter wie vielen Personen die da oben gelitten haben müssen, unter Neidern, Ruhmabschneidern und den anderen üblichen Verdächtigen, und daß sie, die Hohen, alle damit rechnen mußten und müssen, all den Niedrigen um sie herum ein völlig ungerechtes Überleben zu ermöglichen.

Wir aber sollten uns in der Gewißheit sonnen, daß uns das nicht widerfahren kann: Daß wir diesen, unseren Giftkröten, nicht auch noch zu Unsterblichkeit verhelfen, Sterbliche, die wir gottlob selber sind.

Feind hört mit

Denken wir uns ein Kind. Glücklich lebt es in einer bergenden Welt, welcher lediglich zwei Feinde gefährlich werden können, die Erwachsenen und die anderen Kinder.

Komm jetzt, sagen die Erwachsenen, laß dir die Schnürsenkel zubinden!

Das kann ich selber!

Das kannst du nicht. Wenn wir so weitertrödeln, kommst du noch zu spät zum Kindergartenfasching. Jakob ist sicherlich längst auf dem Weg.

Nun schießen dem Kind gleich aus vier Gründen die Tränen in die Augen: Weil die Eltern behaupten, es werde ihm nicht gelingen, selbst seine Schnürsenkel zu binden. Weil es selber, je länger desto unbarmherziger, begreift, daß es ihm in der Tat nicht gelingen wird, jedenfalls nicht hier und jetzt. Weil Jakob schon auf dem Weg zum Kindergartenfasching ist. Und weil Jakob das eindeutig schönere, ja das schönste überhaupt denkbare Kostüm tragen wird: Jakob geht als Kohlenklau.

Was erwartet so ein Kind groß vom Leben? Nicht viel. Die Weltherrschaft, vielleicht, mit Sicherheit aber vollständige Unterwerfung dessen, was ist, unter das, was es will. Und was will es? Nichts Außergewöhnliches. Der Einfallsreichste zu sein. Der Beliebteste zu sein. Der Gefeiertste zu sein. Um so bitterer, zu wissen, daß Jakob diesmal all das abräumen wird, was bei Kindergärtnerinnen und Kindern an Zuspruch einzusacken ist. Kein Wunder. Er geht ja als Kohlenklau. Und ist, schlimmer noch, schon längst auf dem Wege zur Stätte seines Triumphs. Halbblind vor Wut reißt das Kind der Mutter die Schnürsenkel aus den helfenden Händen: Ich will kein Sumsemann sein!

Aber das hast du dir doch selber gewünscht! Ratlos hebt die Mutter die mit Stoff bespannten Drahtflügel in die Luft, während der Vater gedankenvoll das Käppi betrachtet, von welchem zwei stramme Fühler abstehen, die in prächtigen schwarzen Bommeln enden: Wenn du kein Sumsemann sein willst – was dann?

Da spaltet ein Schrei den stillen Februarnachmittag des Jahres 1944, so schrill und so abgrundtief verzweifelt, daß beide, Mutter und Vater, die lachhaften Kostümteile beiseite werfen und sich zu beiden Seiten kniend um den Sohn scharen: Als was willst du denn gehen?

Ich will gar nicht gehen. Ich will sterben!

Warum hast du uns denn dann gesagt, daß du als Sumsemann gehen willst?

Zum Irrtum noch die Zurechtweisung, das ist zuviel. Mit der ganzen Kraft des Fünfjährigen reißt sich das Kind aus der Umarmung los, wirft sich zu Boden und trommelt mit den Füßen den Takt zu seinen Anklagen: Alle sind blöd! Alles ist hassenswert!

Drei Stunden zuvor war die Welt noch so hell gewesen wie das Nachmittagslicht, das in breiten Streifen auf die düstere Szene im Wohnzimmer fällt. Nur sehr langsam gelingt es den Eltern, den Grund der Verdüsterung ein wenig aufzuklären.

Vor zwei Stunden, so reimen sie es sich schließlich zusammen, war das Kind seinem Freund Jakob begegnet, dem Gleichaltrigen aus dem Nachbarhaus. Hochgemut hatte es ihm davon berichtet, es werde beim Kindergartenfasching den Käfer Sumsemann verkörpern, die beliebte Figur aus dem Weihnachtsmärchen »Peterchens Mondfahrt«, da hatte Jakob ihn mühelos heruntergeholt und am Boden zerstört mit seinem: Ich geh als Kohlenklau.

Das Kind hatte das Schlagende dieser Kostümierung ebenso rasch begriffen wie die Unmöglichkeit, mit diesem Einfall auch nur im entferntesten konkurrieren zu können. In jenen bilderarmen und witzfernen Kriegszeiten vereinigte der Kohlenklau, die plakative Karikatur eines Brennstoffdiebes, in unvorstellbar verdichteter Form alles, was heute auf ungezählte Werbefiguren, Cartoonhelden und andere Kinderlieblinge verteilt ist, er war zugleich der Alf, der Weiße Riese, die Mickey Maus und der Räuber Hotzenplotz seiner Zeit. Und leicht zu treffen! Schiebermütze, Augenklappe, Bartstoppeln, flickenbesetzte Klamotten, einen Schlüsselbund am Gürtel, einen großen Sack über der Schulter, und fertig war der Bösewicht, der allüberall auf Litfassäulen und Hauswänden davor warnte, es ihm gleichzutun und die kostbare, kriegswichtige Kohle zu verschwenden. So daß der ihn Verkörpernde nicht nur vom grell anarchischen Zauber des Bösewichts profitierte, sondern sich zugleich als staatspolitisch wertvoller Faschingsteilnehmer profilierte und dadurch glorreich abstach von all den zu erwartenden biederen Harlekinen und stinknormalen Prinzessinnen, ganz zu schweigen vom –

Ja?

Ich will kein Sumsemann sein! Ich will sterben!

Doch so weit kommt es nicht. Das Kind hat das Glück, einen Vater zu besitzen, der den Schmerz des Kindes begreift, ihn aufgreift und helfend eingreift: Geh doch als »Feind hört mit«!

Unverzüglich versiegen die Tränen des Kindes, augenblicklich begreift es die Tragweite und die Vorzüge des väterlichen Vorschlags: Die einzige Propagandafigur, welche es in diesen letzten Kriegsjahren an Popularität mit dem »Kohlenklau« aufnehmen kann, ist »Feind hört mit«, jener Silhouettenmann, in dessen dunklem Umriß ein grelles, gelbes Fragezeichen eingeschrieben ist. Allgegenwärtig wie der Kohlenklau, ebenso plakativ und noch gefährlicher wirkend als der, warnt er in allen öffentlich zugänglichen Orten davor, kriegswichtige Informationen auszutauschen: Der stets präsente Feind hört mit!

Und er ist ebenfalls auf die Schnelle herzustellen, das jedenfalls versichert der vom Einfall selber beschwingte Vater dem zunehmend mitgerissenen Kinde: Ein dunkler Herrenhut für den Kopf, ein dunkles mantelähnliches Kleidungsstück, auf dessen Rückseite ein gelbes Fragezeichen aufgenäht wird – schon macht sich die Mutter mit Glanzpapier und Schere, Nähnadel und Garn an die Arbeit, während der Vater vorsorglich die Schuhe des Kindes bindet, diesmal nicht behindert, sondern angefeuert: Wir kommen bestimmt zu spät!

Wir haben noch Zeit! beruhigen die Eltern das drängende Kind und müssen sich abwenden, als es schließlich als nationale Warnfigur vor ihnen steht, mit einem Hut, der über die Ohren gerutscht ist und in eine weite Jacke des Vaters gehüllt, deren Ärmel die Mutter rasch hochkrempelt, damit sie nicht auf dem Boden schleifen: So etwas Komisches!

Sie kommen noch rechtzeitig zur Prämierung der gelungensten Kostüme. Erwartungsgemäß bittet die Kindergärtnerin als ersten den Kohlenklau in die Mitte des Kreises, wo sie ihn hochhebt und all den Harlekinen und Prinzessinnen als Ansporn und Exempel vorhält. Dann aber wird das Kind in den Kreis gerufen, in die Luft gestemmt und angepriesen. Anerkennend nickt Jakob ihm zu, jäh erkennt der Gefeierte, daß da auch ein Sumsemann unter denen steht, die nun zu ihm aufschauen müssen: Das wäre ja was geworden! Noch einmal Glück gehabt!

Beim Einschlafen freilich, als auch dieser Tag sich zu versinken anschickt, so vollständig, wie die vielen Tage vor ihm, bleibt als Gewißheit haften, was das Kind schon lange geahnt hat und was es fortan nicht mehr vergessen wird: Zweiter zu werden – besser als gar nichts. Erster zu sein – besser als alles.

Na warte, Martina!

Denken wir uns einen Wartenden. Wer wartet, der hat Zeit. Und da er schon mal Schriftsteller ist – warum sollte er sie nicht nützen, um einmal etwas über das Warten zu schreiben? Die Genese des Wartens beschreiben, genauer gesagt, den Umschlag von hoffnungsvollem zu hoffnungslosem Warten, und wie schließlich die Gewißheit sich breitmacht: Sie kommt nicht mehr.

Das besonders bittere Warten des Pünktlichen hervorheben: Er würde nicht einmal seinen ärgsten Feind warten lassen – und hatte sie ihn nicht unlängst noch als ihren besten alten Freund bezeichnet?

Von den Vorbereitungen und Überraschungen schreiben, die der Wartende getroffen hat und die nun alle höhnisch wider ihn zeugen: der Kuchen, der Kaffee, die Blumen, der Blanc de Blanc.

Betonen, daß er die alte Freundin gar nicht erwartet hatte und nun von ihr zum Wartenden gemacht wird. Denn eigentlich hatte der Treff ihm nicht sonderlich gepaßt, nur aufgrund ihrer Bitten hatte er, etwas zurückhaltend erst, dann geschmeichelt, die Besuchtenrolle angenommen. Und nun kommt sie nicht. In dem Maße, in welchem er geglaubt hatte, etwas durch die Besucherin gewinnen zu können, hat er nun etwas zu verlieren.

Aber wie er es verliert. Nicht auf einmal, mit einem Schlag und einem Anruf: »Du, ich kann leider nicht kommen.« Sondern stückweise: Nun ist eine Stunde vergangen, und sie ist nicht gekommen, nun sind schon zwei Stunden vergangen – und so fortan. Da ist das Telefon, und es klingelt nicht. Da ist die Türglocke, und sie läutet nicht. Da ist jeder Gang in die Küche, zur Toilette gehetzt: Jetzt könnte das Telefon ja klingeln. Jetzt könnte die Glocke ja läuten. Eilig schlägt er sein Wasser ab, doch das bleibt auch das einzige Geräusch.

Dann, nach drei Stunden, wird das alles unerklärlich. Ihr muß etwas zugestoßen sein, hofft er und weiß doch, daß sie ihm irgendwann aus heiterem Himmel mitteilen wird, warum sie weder kommen noch anrufen konnte. Und ihre Erklärungen werden derart nichtig sein, daß er die Stunden des Wartens zurücksehnen wird und die eigenen Erklärungsversuche, die, je länger je mehr, ins Große und Großartige wachsen, bis er ein gebrochener Leidtragender und sie eine Verunglückte ist, zermalmt in der abgestürzten Linienmaschine. Dann aber dies: »Du, ich konnte dich schlicht und ergreifend nicht erreichen. Ich mußte vom Flughafen gleich auf die Messe, und da war kein Telefon in der Nähe –«

Er schwankt, wie er das aufnehmen soll. Der Wartende ist immer der Dumme, nun geht es um Schadensbegrenzung. Er kann zwischen mehreren Möglichkeiten wählen:

Abstreiten, daß er überhaupt gewartet hat – »Du, alles klar! Als du um drei nicht gekommen bist, da wußte ich, daß irgendwas schiefgelaufen sein mußte und fuhr zu einer Kaffeeinladung bei Marion. Sieht man sich mal?«

Bestreiten, daß ihre Darstellung der Verhinderung stimmt: »Also hör mal! Da mir das Messegelände nicht ganz unbekannt ist, weiß ich sehr wohl, daß es dort auch Telefone gibt, meines Wissens sogar an jedem Stand. Du willst mir doch nicht allen Ernstes einreden – « keine so gute Position. Aber ist die hier besser?

Gekränktsein: »Du, ich will nichts von deinen nicht vorhandenen Telefonen hören. Auch nichts von anderen Entschuldigungen. Ich weiß lediglich, daß ich immer dann pünktlich gewesen bin, wenn ich es sein wollte. Daraus schließe ich, daß du gar nicht die Absicht hattest, zu mir zu kommen. Nein, laß mich jetzt mal ausreden.« Und dann redet er und weiß zugleich, daß sie weiß, daß er natürlich recht hat. Aber wenn es sich in der Tat so verhielt, daß sie ihn gar nicht sehen wollte – warum dann noch reden?

Diese Erkenntnis in immer schärfere Worte fassend, redet er gegen das Resultat an, wartet auf ihren Zusammenbruch, auf ihr »In einer Viertelstunde bin ich bei dir«, und hört doch nur weitere undeutliche Lügen von unaufschiebbaren Treffen und unerreichbaren Telefonen. Er will die Wahrheit aus ihr herauspressen, dabei streitet er ständig ab, daß sie davon auch nur ein Zipfelchen besitze, da er im Besitz der ganzen Wahrheit ist und sie nun ex cathedra verkündet: »Ach was! Du wolltest mich überhaupt nicht sehen!«

Wer auf Wahrheit dringt, provoziert Lügen. Ihre Lügen machen ihn leiden. So groß und schön und wichtig kann gar keine Wahrheit sein, als daß sie die Leiden aufwöge, die die Lügen bereiten. »Paß auf« – sie redet rascher und ist von den Telefonen bereits zu weiteren, noch viel unwahrscheinlicheren Ausreden gelangt, da wird er langsam weich. Wenn sie sich mit dem Lügen eine derartige Mühe gibt, dann muß ihr doch etwas an ihm liegen; andernfalls hätte sie ihn ja mit einer schlichten Wahrheit abfertigen können: »Stimmt. Ich wollte dich nicht sehen.« Sie dagegen! Nun ist sie bereits bei irgendwelchen hochwichtigen, weit abgelegenen Produktvorführungen und Cocktailempfängen angelangt – welch eine Arbeit, wenigstens den Schein der Wahrheit herzustellen! Welch eine Unfreundlichkeit, diese Arbeit nicht wenigstens durch Einlenken zu belohnen. Noch schmollt er, doch da sie um sein Verständnis heischt, hat er ihr etwas zu geben. Stückchenweise reicht er ihr sein Verständnis rüber. Langsam werden sie wieder zu Komplizen. Das waren sie eigentlich schon immer gewesen, erst ihr Wartenlassen hatte eine völlig unangemessene Dimension in ihre Beziehung gebracht: Wahrheit! In Wahrheit liebt er sie nicht und sie ihn nicht mehr. Daraus muß man doch nicht gleich ein Problem machen: »Weilst du noch länger in dieser Stadt? Sehn wir uns mal?«

Ah, Trost des schreibenden Phantasierens! Solange mein Stift über die Seiten eilte, hoffte ich geradezu, sie möge sich mit ihrem Anruf noch so viel Zeit lassen, daß ich diese Zeilen noch vollenden konnte. Nun freilich könnte sie sich endlich melden, worauf ich scheinheilig zu antworten gedenke: »Ach nein, ich habe überhaupt nicht gewartet. Ich habe die Zeit genutzt, um etwas zu schreiben. Willst du es hören? Paß auf: Einmal etwas über das Warten schreiben? Warum nicht … «

Aber sie ruft nicht an und ich blicke kopfschüttelnd in die Dunkelheit. Ob ihr nicht möglicherweise doch etwas zugestoßen ist?

Natürlich nicht, sonst hättest du ja wohl kaum keine zwei Tage später wirklich und wahrhaftig anrufen können, um jenes Gespräch mit mir zu führen, an dessen stumpfer Faktizität jedwede Phantasie übers Warten derart vollständig zuschanden werden mußte, daß mir nicht einmal der Gedanke kam, dir die Frucht meiner Wartezeit vorzulesen:

Hallo, hier ist Martina. Hast du Zeit für einen Sprung ins Terrassencafé?

Nein.

Hätt ja sein können –

Na, erzähl mal.

Was?

Na was wohl?

Was denn?

Wieso du vorgestern nicht gekommen bist.

Ach das! Du, ich bin später geflogen, war völlig daneben, hatte keine Möglichkeit, dich anzurufen.

Ich habe mir Sorgen gemacht. Du hättest doch wenigstens kurz Laut geben können.

Konnte ich aber nicht. Ich hatte schlicht und ergreifend keine Zeit. Und außerdem war da kein Telefon.

Einen Nachmittag und zwei ganze Tage lang? Das glaube ich dir ganz einfach nicht.

Das brauche ich ja wohl jetzt nicht mit dir zu diskutieren.

Du bist wirklich sehr daneben.

Wenn du es so siehst.

Ja, so sehe ich es.

Kann man nichts machen.

OK, mach's gut.

Na warte, Martina, na warte!

Pennellino

Denken wir uns den verschatteten Lesesaal einer toskanischen Abtei. Die brütende Mittagshitze der Siestazeit hat den meterdicken Mauern nichts anhaben können, aufatmend betritt ein etwas derangierter Deutscher im Gefolge des Priors den kühlen Raum, in welchem ihn das Glück einer angekündigten Überraschung erwarten soll.

Mit diesem Versprechen jedenfalls hat der Prior den Wissenschaftler aus dem Norden in die Toskana gelockt: Wir haben vermutlich das, was Sie suchen!

Und was sucht er, Romanist und Liebhaber der italienischen Renaissanceliteratur? Nichts Geringeres als Originaltexte jener Zeit, vor allem aber unveröffentlichte Künstleranekdoten in der Nachfolge von Boccaccio oder Franco Manetti. Ein reichlich abgegrastes Feld, wie er bald feststellen mußte; ganze Horden von Kollegen hatten da bereits seit Jahren für piazza pulita gesorgt. Die Archive: durchforstet, die Bibliotheken: durchkämmt, die Privatbestände: durchforscht –: da traf die Begegnung am Rande eines Kongresses den Romanisten völlig unerwartet. Die kleine Abtei von San Giovanni habe bisher völlig im Windschatten geruht, eröffnete ihm ein Kongreßteilnehmer, der Bibliothekar des Klosters. Er könne zwar nicht die Hand dafür ins Feuer legen, doch vermute er in seinen Beständen, wenn schon nicht das Gesuchte, so doch etwas, das gründliche Lektüre verdiene, ein Konvolut loser Blätter, das neben alten Abrechnungen, Urkunden und Akten seiner Erinnerung nach auch gebundene Texte enthalte. Ob der Romanist die mal überprüfen wolle? Er, der Bibliothekar, sei bisher davor zurückgeschreckt, zumal das Gerücht gehe, daß sein Kloster und ein längst verstorbener Prior desselben in einer der Niederschriften keine allzu rühmliche Rolle spiele.

Der Romanist wollte, nun sollte es zum Schwur kommen. Auf einem Wägelchen nahte sich, vom Bibliothekar geschoben, ein beeindruckender Stapel von Pergamenten, ein hilfreicher Novize verteilte ihn auf mehrere Lesepulte, und während das Streiflicht der tieferstehenden Nachmittagssonne den Bibliotheksraum in edles Zartrosa tauchte, begann der Romanist seine Suche.

Machen wir es kurz: Das Zartrot war kaum dem Mildblau des Abendlichts gewichen, gerade waren die Leselampen eingeschaltet worden, da fiel dem Romanisten ein Pergament in die Hände, das folgendermaßen überschrieben war: »Wie es Meister Gamsbardi gelang, ohne Pinsel ein Meisterwerk der Malerei zu schaffen, und welchen Schluß daraus die Montaieser zogen.«

Er war am Ziel und wir können seine Freude nicht angemessener teilen, als daß wir uns über seine Schulter beugen und das zur Kenntnis nehmen, was der Romanist mit zunehmend glühenden Wangen las und las und las ...

WIE ES MEISTER GAMSBARDI GELANG,
OHNE PINSEL EIN MEISTERWERK DER MALEREI
ZU SCHAFFEN, UND WELCHEN SCHLUSS DARAUS
DIE MONTAIESER ZOGEN

Einst lebte in Montaio der Meister Gamsbardi, den seine Zeitgenossen für seine Kunstfertigkeit in der Malerei und für seinen Einfallsreichtum im täglichen Leben priesen. Das war auch dem Prior des Klosters von San Giovanni zu Ohren gekommen, der, da er einen hinterhältigen Geist besaß, beschloß, den Meister Gamsbardi auf die Probe zu stellen.

Daher lud er ihn in seinen Konvent ein und eröffnete ihm, daß er auf rasche und kunstreiche Hilfe angewiesen sei, da über Nacht durch ein schadhaftes Kirchendach ein Heiligenbild in Mitleidenschaft gezogen worden sei und schleunigst wiederhergestellt werden müsse.

Das Gesicht der Madonna vor allem habe durch den Regenfall gelitten, und gerade dieses Gesicht müsse morgen in voller Schönheit erstrahlen, da der morgige Tag der Festtag der Madonnina von San Giovanni sei und da viel Volk in der Kirche erwartet werde, ganz zu schweigen vom Bischof von Impruneta, der ebenfalls sein Kommen angesagt habe.

»Traut Er es sich zu, dem Antlitz der Madonna in einer Nacht zu ehemaligem Glanz verblaßter Schönheit zu verhelfen?« fragte der Prior den Meister Gamsbardi, worauf dieser erwiderte, daß er die Herausforderung mit Freuden annehme.

Hierauf schlug der Prior dem Meister in seiner scheinheiligen Art vor, einen Vertrag aufzusetzen, welcher die beiden Parteien dazu verpflichtete, das ihnen Zustehende zu erfüllen, dergestalt, daß dem Meister Gamsbardi auferlegt wurde, nur die besten Farben und Pinsel zu stellen und das Antlitz der Madonna in einer einzigen Nacht in alter Schönheit erstrahlen zu lassen, wofür ihm anderntags der Lohn von fünfzig Scudi zustehe, zahlbar bei vollendeter Arbeit. Diese aber hatte laut Vertrag bei Sonnenaufgang vollendet zu sein, bevor also das 9-Uhr-Läuten die Menge zum Gottesdienst riefe. Bei Nichterfüllung des Vertrages aber sei es an ihm, dem Meister

Gamsbardi, hundert Scudi an das Kloster von San Giovanni zu zahlen.

Der Meister willigte ein, unterschrieb den Vertrag und fand sich zur vereinbarten Zeit am späten Nachmittag in der Klosterkirche ein, wo er nach Malerart sogleich seine Pinsel und Farben auf einem bereitgestellten Tisch ausbreitete, um die versprochene Arbeit in Angriff zu nehmen.

Dabei aber wurde er vom gleisnerischen Prior gestört, der ihn unter dem Vorwand, ein leerer Magen könne nicht gut malen, ins Refektorium lockte, wo ihm so lange Brot, Käse und Wein aufgetischt wurden, bis der Maler selber die Tafel aufhob und barsch bekundete, er müsse jetzt an die Arbeit gehen, andernfalls fürchte er, seinen Vertrag nicht erfüllen zu können.

Daß ihm dies sicherlich gelingen werde, versicherte der Prior mit durchtriebenem Lächeln, worauf er den Maler bis zur Klosterkirche geleitete, ihm eine glückliche Hand wünschte und die Kirchentür hinter ihm fest verschloß.

Der Maler, der Käse, Brot und eine Flasche Chianti-Wein als Zehrung für die Nacht in seinem Mantelsack verstaut hatte, wollte gerade damit beginnen, sie neben seinem Malwerkzeug auszupacken, als er gewahr wurde, daß jemand in seiner Abwesenheit die Pinsel entfernt haben mußte.

Sosehr er auch danach suchte, so eindringlich er hinter und unter dem Tisch nachschaute, in der Hoffnung, Mäuse oder Ratten hätten sie bei ihren mutwilligen Spielen vom Tisch gestoßen –: Wie er es auch anstellte, die Pinsel blieben und blieben verschwunden. Da aber erkannte er die List des Priors, welcher ihn, den Vertragsbrüchigen, anderntags würde gnadenlos zur Kasse bitten können, und die Vorstellung, hundert Scudi zu berappen, ließ den Meister Gamsbardi in Verzweiflung verfallen, die nicht zuletzt durch den Umstand genährt wurde, daß er zu dieser Zeit nicht einmal zehn Scudi sein eigen nannte.

Immer wieder wandelten seine Blicke von seinen bereits angeriebenen Farben zum verwaschenen Antlitz der Madonna, immer wieder malte er sich aus, wie leicht es ihm fallen würde, das im Widerschein zahlreicher Fackeln trefflich beleuchtete Bildwerk in altem Glanze erstrahlen zu lassen, und immer wieder sah er all seine Absichten jäh in Rauch aufgehen, wenn ihm der Augenschein einmal mehr bestätigte, daß ihm der listige Prior ausgerechnet das hatte entwenden lassen, was den Mann zum Mann und den Maler zum Maler macht, den Pinsel.

Da er ohne Pinsel nicht malen konnte, wollte der arme Meister Gamsbardi sich wenigstens an Käse und Wein schadlos halten, und da ihn der Anblick der gesichtslosen Madonna geradezu ängstigte, beschloß er seine, wie er es in Gedanken nannte, Henkersmahlzeit in der Sakristei einzunehmen.

Er hatte sich kaum in den Nebenraum verfügt, als ihn ein Winseln aufhorchen und aufschauen ließ. Da erblickte er im Licht der Kerzen hinter einem vergitterten Fenster in geringer Höhe einen kleinen Hund, der, offenbar angezogen vom Geruch des Käses, erst zaghaft, dann immer dreister den Kopf durch das Gitter drängte.

Es war aber dieser Hund einer der Art, wie man sie oft in der Toskana findet, ein glatthaariges abgemagertes Tier, dessen weißes Fell von unregelmäßigen braunen Flecken übersät war, bis auf den dünnen, spitz zulaufenden Schwanz, der vollständig von weißen Haaren bedeckt war.

Meister Gamsbardi, der schon von Jugend an einen Gefallen an Tieren gefunden und sie auch immer wieder in den allernatürlichsten Haltungen auf seinen Bildern verewigt hatte, lächelte, als er des Hundes ansichtig wurde. »So ist es also bestimmt, daß ich meine Henkersmahlzeit nicht alleine einnehmen soll«, sagte er im freundlichen Tone und reichte dem Hund ein Stück Käse hin. Dieser, wohl erkennend, mit wem er es zu tun hatte, zwängte sich ganz und gar durchs Gitter, sprang dem Meister zu Füßen, und dankte für jeden gereichten Happen, indem er auf anmutigste Weise sein Pfötchen hob und zugleich mit dem Schwanz wedelte. Da begab es sich, daß Meister Gamsbardi so ungeschickt zum Weinglas griff, daß ein Teil des Inhalts gerade in dem Moment den Boden bedeckte, als das Hündchen wieder einmal seiner Freude über die empfangenen Happen zum Ausdruck hatte bringen wollen, was zur Folge hatte, daß er den verschütteten Wein in einem derart abgezirkelten Halbkreis auf dem Boden verteilte, daß den Meister Gamsbardi die jähe Einsicht erleuchtete, daß ein Körperteil, welcher imstande war, derartiges Zirkelwerk zu versehen, auch zu anderen Zwecken sich würde verwenden lassen.

Doch zuvor war noch ein Hindernis zu überwinden. Wohlwissend, daß der Hund in wachem Zustande sich wohl kaum für den vom Maler geplanten Zweck würde einspannen lassen, da seine unruhige Natur solcher Verwendung widerstrebte, trug Meister Gamsbardi zuförderst Sorge dafür, daß der Hund eine ordentliche Menge Weines zu sich nahm. Dieses zu tun, widerstrebt zwar der Natur des Tieres, das sich darin vernünftiger als der Mensch zeigt, doch dank seiner Vernunft gelang es Meister Gamsbardi, den natürlichen Widerstand des Tieres dadurch zu überlisten, daß er sich dessen Hunger dergestalt zunutze machte, daß er ihm in Wein getunktes

Brot dadurch schmackhaft machte, daß er es dem Hund in zwei Scheiben Käse verpackt reichte, eine wohlriechende Gabe, die das von Gier getriebene Tier ganz einfach nicht verschmähen konnte. Nachdem Meister Gamsbardi dieses Spielchen eine schickliche Weile betrieben hatte, stellte sich die von ihm erhoffte Wirkung ein. Von ungewohntem Weingenuß und der Mahlzeit ermüdet, schlief das Hundchen derart tief und fest ein, daß Meister Gamsbardi endlich seinen Plan ausführen und zur Tat schreiten konnte.

Vorsichtig hob er das eingeschlummerte Tier vom Boden auf, trug es in die benachbarte Kirche, und begann, indem er den Hund in der linken Hand hielt, dessen Schwanz in der allergeschicktesten Manier derart als Pinsel einzusetzen, daß er bald gänzlich vergaß, mit welchem Handwerkszeug er zu Werke ging, er vielmehr von Arbeitslust und Vorfreude auf das Erstaunen des Priors gepackt, dem Gesicht der Madonnina in der allerkünstlichsten Manier zu derart überirdischer Schönheit verhalf, daß es ihm selber erscheinen wollte, als habe er zuvor selbst mit seinen allerfeinsten Pinseln nichts Vortrefflicheres zustande gebracht.

Als die Morgendämmerung hereinbrach, wußte Meister Gamsbardi sein Werk vollendet.

Das immer noch schlummernde Hundchen an sich drückend, trat er nach Malerart noch einmal zurück, dann, da er an seiner Arbeit nichts auszusetzen sah, wusch er den Schwanz des Hundes so gründlich aus, als handele es sich um einen seiner kostbaren, sei es aus Schweinsborsten, sei es aus Marderhaar gefertigten Pinsel. Darauf trug er das Tier in die Sakristei, den Ort ihrer ersten Begegnung, zurück, wo er es zu Boden setzte, und, ganz als habe er es mit einem betrunkenen menschlichen Schläfer zu tun, so lange mit Wasser bespritzte, bis die Lebensgeister des Tieres wieder erwachten und es, nachdem es sich recht ordentlich geschüttelt hatte, erst noch etwas taumelnde Schritte auf den Wassernapf zutat, den ihm der Maler zusammen mit einigen Käsestücken als Frühstück zugedacht hatte.

Nachdem der Hund auf diese Weise wieder zu Kräften gekommen war, hob der Maler ihn zu jenem Fenster, durch dessen Gitter er nachts zuvor in die Sakristei gelangt war, und hieß ihn, wieder ins Freie zu schlüpfen, was das Tier auch ohne Umstände tat.

»Leb wohl, besten Dank, Pennellino«, rief der Meister Gamsbardi dem Entschwindenden nach, da es ihn nur richtig dünkte, das Tier nach eben jenem Zweck zu benennen, zu welchem es ihm in der Nacht so trefflich gedient hatte, als Pinselchen nämlich.

Darauf brachte Meister Gamsbardi so gut es ging seine Kleidung und seine äußere Erscheinung in Ordnung, worauf er sich wieder in die Kirche verfügte, wo er sich auf einer der Bänke niederließ und voller Freude wahrnahm, wie seine im Schein der Fackeln verbrachte Arbeit sich im Tageslicht noch weitaus vortrefflicher ausnahm, als es ihm des Nachts erschienen war. Dann aber, einer plötzlichen Eingebung folgend, verhängte er das Altarbild mit einem bestickten Tuch, das er in der Sakristei gefunden hatte, worauf er sich aufs Warten verlegte.

Nicht lange, und er hörte, wie sich ein Schlüssel im Schlosse der Kirche drehte, und sich umwendend erblickte Meister Gamsbardi den Prior, der, in Erwartung der sicheren Niederlage des Meisters, nicht alleine eintrat, sondern in Begleitung zahlreicher Ordensbrüder sowie jenes Advokaten, welcher am Vorabend den Vertrag zwischen dem Kloster und Meister Gamsbardi aufgesetzt hatte.

»Ei, Meister Gamsbardi!« hub der Prior gleisnerisch an, »Wie ich sehe hat er das Altarbild verhängt. Darf ich Euch selber den Grund nennen? Ihr tatet es sicherlich deswegen, damit unsere armen, menschlichen Augen nicht durch den göttlichen Glanz geblendet werden, zu welchem Euer übermenschlicher Genius dem geschändeten Antlitz der Madonnina verholfen hat.«

»Wer bin ich, Eure Worte zu bezweifeln, edelster Prior«, erwiderte Meister Gamsbardi in der allerhöflichsten Manier. »Doch da es mir andererseits nicht zusteht, mein Werk zu preisen, so will ich es für sich selber sprechen lassen.« Und mit diesen Worten riß er das Tuch vom Altarbild.

Es würde einer edleren und gewandteren Feder bedürfen, als es die meine ist, um das Erstaunen, ja das Entsetzen des Priors zu beschreiben, welches ihn beim Anblick des makellos wiederhergestellten Madonnenantlitzes befiel.

Während seine Brüder angesichts der so gütig wie hoheitsvoll auf sie blickenden Mutter Gottes ohne Ausnahme auf die Knie gesunken waren und selbst der hartgesottene Advokat nicht hatte umhinkönnen, ein Kreuzeszeichen zu schlagen, blieb der Prior offenen Mundes stehen, unfähig, eine Erklärung dafür zu finden, daß es Meister Gamsbardi augenscheinlich geglückt war, ohne einen einzigen Pinsel ein Meisterwerk in ausgerechnet jener Kunst zu vollbringen, die gerade dieses Werkzeug unter gar keinen Umständen entbehren kann.

Meister Gamsbardi, der die grenzenlose Verwunderung des Priors wohl erkannte und dessen Erstaunen wohl zu deuten wußte, fragte dennoch in der unschuldigsten Art, ob er, der Prior, an seiner, des Malers, Arbeit etwas auszusetzen finde. »Aber nein, bester Meister Gamsbardi«, versetzte der Prior eilfertig und wollte bereits zur Frage ansetzen, welch übernatürlicher Beistand den Maler dazu befähigt hatte, sein Werk zu vollenden, der der Engel gar – als ein Geräusch ihn wie die anderen veranlaßte, sich umzuwenden.

Das Geräusch aber rührte von einem Hündchen her, das mit fröhlichem Gebell durch die offenstehende Tür der Kirche gesprungen kam.

Doch damit nicht genug. Kaum war es des Priors, der wie versteinert dastand, ansichtig geworden, als es auch schon auf ihn zulief und, seine kuttenbedeckte aufrechte Gestalt wohl für einen Baum oder für eine Statue haltend, sein Bein hob, um das zu verrichten, was die Natur den Hunden angesichts von Bäumen aufgetragen hat, zu tun. Dies aber war ein derart unerhörter Vorgang im Hause der Mutter Gottes von San Giovanni, daß alle vor Schreck erstarrten, alle bis auf Meister Gamsbardi, welcher unbedacht ausrief: »Welcher Teufel reitet dich, Pennellino?!« Da fiel es dem Prior wie Schuppen von den Augen, und als er auch noch die Schwanzspitze des Hundes im zarten Blau schimmern sah, in jener Farbe also, welche vorzugsweise das Gewand einer jeden Madonna ausmacht, da wurde ihm schlagartig bewußt, wie es Meister Gamsbardi gelungen war, ohne einen einzigen Pinsel ein Meisterwerk der Malerei zu vollbringen.

»Pennellino also ruft er diesen Hund«, sprach er zu Meister Gamsbardi gewandt. »Darf ich daraus schließen, daß es Euer Hund sei?«

Dem widersprach Meister Gamsbardi aufs heftigste, wurde aber von dem Hundchen Lügen gestraft, das schwanzwedelnd auf ihn zulief, um ihm mit einem Satz in den Arm zu springen. Nun, da der Prior die Lösung des Mysteriums erkannt hatte, glaubte er, den Maler wie den Advokaten zu sich rufend, schließlich dennoch über den Maler obsiegen zu können.

Daß das Antlitz der Madonna mit Hilfe eines Hundeschwanzes ausgeführt worden sei, sagte der Prior dem Maler ins Gesicht, worauf diesem nach Lage der Dinge nichts weiter übrigblieb, als mit dem Kopf zu nicken.

Daß dieses Werkzeug dem Wortlaut des Vertrages zwischen Kloster und Maler widerspreche, fuhr der Prior zum Advokaten gewandt fort, womit er jenen Passus meine, daß der Maler nur das allerhochwertigste Material in Einsatz bringen dürfe, während ein Hundeschwanz sicher nicht in diese Güteklasse gerechnet werden könne.

Ob nicht sogar eine absichtliche Verhöhnung vorliege, fragte er weiter, welche der Maler der Mutter Gottes dadurch zugefügt habe, daß er dem Antlitz ausgerechnet der Frau, welche der Menschheit den Sohn Gottes geschenkt habe, mit dem Schwanze jenes Tiers zu Leibe gerückt sei, welches, wie man wisse, zu den geringsten und verächtlichsten gerechnet werde?

Der Prior hätte wohl noch lange so weitergeredet und womöglich den Advokaten auf seine Seite gezogen, wäre ihm nicht Meister Gamsbardi mit einer listigen Frage in die Parade gefahren.

»Ihr ehrwürdigster Prior kennt doch sicherlich die Verkündung, welche der ebenso hochgerühmte wie fromme Maler und Bruder Beato Angelico für die Pfarrkirche von Santo Spirito gemalt hat.«

»Wie sollte ich sie nicht kennen«, versetzte der Prior, »ist sie doch das meistgerühmte und höchstgeachtete Madonnenbild dieser Stadt.«

»Ich gehe demnach nicht fehl in der Annahme«, fuhr Meister Gamsbardi fort, »daß Ihr vor diesem Altar bereits Eure Andacht verrichtet habt?«

»Wie sollte ich nicht, Meister Gamsbardi!« entfuhr es dem Prior. »Wann immer ich die Pieve besuche, ist mir so, als ob Engel mich geleiteten, vor diesem Bildnis niederzuknien, und als ob die Heilige Frau selber mir dergestalt zulächele, wie sie dem seligen Bruder Angelico zugelächelt haben muß, als er ihre göttlich schöne Erscheinung auf das Holz des Malgrundes bannte.«

»Doch womit tat er das?« fragte Meister Gamsbardi in der allerunschuldigsten Art und Weise.

»Womit wohl?« entgegnete der Prior. »Ihr macht mich lachen, Meister Gamsbardi. Womit ein Maler seine Bilder malt, das weiß doch bereits ein Kind. Mit Pinseln natürlich.«

»Dem ist schwerlich zu widersprechen«, räumte Meister Gamsbardi eilfertig ein, »doch wie ist ein solcher Pinsel beschaffen?« Und ohne die Antwort des Priors abzuwarten, fuhr er fort: »Ist er aus edlem Ebenholz geschnitzt? Oder aus kostbarem Metall geformt?«

»Hat man jemals solchen Unsinn aus Malermund gehört?« rief der Prior aus. »Aus Holz vermag der Stiel des Pinsels sein, aus Metall die Manschette, welche den Stiel umschließt. Doch all das taugte nicht zum Malen, umschlösse das Metall nicht vor allem Haare. Aber wem erzählte ich das alles, Meister Gamsbardi? Wenn es einer besser weiß, dann doch er.«

»So ist es in der Tat«, erwiderte der Maler, welcher den Prior zu guter Letzt dort wußte, wo er ihn hatte haben wollen: »Was Ihr Haare nennt, ehrwürdigster Prior, sind in aller Regel Borsten. Und diese wachsen, so will es die von Gott geschaffene Natur, in der Regel auf Schweinen. Ein Tier, welches, wie jedermann weiß, zu jenen niederen Kreaturen zählt, von welchen der Mensch sich zwar ernähren mag, sofern er – Gott behüte – kein Jude oder kein Muselman ist, mit welchem er aber wegen dessen verächtlicher Lebensweise keinen persönlichen Umgang zu pflegen gewillt ist.

Wie anders doch der Hund! Gilt der nicht als Gefährte, ja Freund des Menschen? Findet der sich nicht auf Grabstätten hoher menschlicher und geistlicher Herren zu Füßen der Dargestellten? Folgt daraus nicht, daß der Maler das volle Recht hat, mit tierischem Haar zu malen, und daß er gerade dann, wenn er das Höchste zu malen sich unterfängt, das Bildnis der Madonna nämlich, zum Pinsel nicht die Borsten eines toten, verächtlichen Schweines nimmt, sondern die seidigen Haare eines dem Menschen treu ergebenen und zudem lebendigen Hundes?«

Dem wußte der Prior wenig entgegenzusetzen, und da zugleich mit dem 9-Uhr-Läuten sich nicht nur die Menge der Gläubigen in die Kirche zu drängen begann, sondern auch Fanfarenstöße die Ankunft des Bischofs von Impruneta ankündigten, da gab der Prior, auf einen Wink seines Advokaten hin, die causa für verloren, und er beschied dem Maler mit lauter Stimme, er habe den Auftrag trefflich ausgeführt, die fünfzig Scudi seien sein, mit leiser Stimme jedoch fügte er hinzu, er solle sich bei Strafe von fünfzig Scudi nie wieder des Pennellino bedienen, wenn er erneut eine geistliche Darstellung für das Kloster anzufertigen habe.

Angesichts der Mühen, die ihm das Malen mit dem Schwanz des eingeschlummerten Hundes bereitet hatte, stimmte der Maler den Worten des Priors vollen Herzens zu, wandte dann aber ein, irgendein Teufel müsse seinen Schwanz auf jene Pinsel gelegt haben, mit welchen er das Bildnis der Madonna ursprünglich habe verschönern wollen. Ob der hohe geistliche Herr ihm diese mit Hilfe der Engel zurückbringen könne, da er sich sonst gezwungen sähe, weiterhin mit dem Hundeschwanz zu malen.

Da gab sich der Prior gänzlich geschlagen und zugleich jenem Bruder, welchem er geheißen hatte, die Pinsel beiseite zu schaffen, ein Zeichen, daß er sie unauffällig wieder hervorhole. So geschah es, und als der Meister Gamsbardi nach dem Gottesdienst vom Kloster schied, da enthielt der Beutel, welchen ihm der Bruder Kassenwart überreichte, nicht nur den vereinbarten Lohn, sondern auch die verschwundenen Pinsel.

Als er aber sein Maultier satteln wollte, um nach Montaio zurückzukehren, da wurde er bereits vom Pennellino begrüßt, der, da er sich dem Meister so nützlich erwiesen hatte, nun ebenfalls seinen Lohn einstreichen wollte, in Form von freier Kost und Logis. Lachend ließ ihn der Maler gewähren, ja er hob ihn sogar höchstselbst vom Boden und verstaute ihn in eben jener Satteltasche, in welcher er auch sein Malwerkzeug, die Farben und die Pinsel geborgen hatte, da, wie er dem staunenden Bruder Kassenwart mitteilte, ein Pennellino unmöglich anders als mit den anderen Pinseln reisen könne.

Obwohl Meister Gamsbardi dem Prior in die Hand versprochen hatte, die Geschehnisse der wunderlichen Nacht in der Kirche der Madonnina für sich zu behalten, bewahrheitete sich wieder einmal jenes Montaieser Sprichwort, daß ein Geheimnis darin dem Käse gleiche, daß sich früher oder später Mäuse einstellten, die beide durchlöcherten.

So geschah es auch mit den Geschehnissen der Nacht. Die List des Malers machte die Runde, und da alles Volk im Val d'Arno die Schönheit der wiederhergestellten Madonna ebenso pries, wie es die Geistesgegenwart des Malers bewun-

derte, bürgerte es sich im Arnotal ein, von einem besonders
schönen Frauengesicht, sei es ein Werk der Kunst, sei es ein
Werk in Fleisch und Blut, zu sagen, es sei »wie mit dem Hundeschwanz gemalt«.

Peinlich, peinlich, peinlich

Denken wir uns drei Männer reiferen Alters. Nennen wir sie Anders, Bernstorff und Claudius, und plazieren wir sie in einen Italiener der gehobeneren Preisklasse. Ort: die Frankfurter Innenstadt. Zeit: August 2003. Halbleer die City, ist ja Ferienmonat, nur unsere drei müssen aus unterschiedlichen Gründen die Stellung halten. Ein hartes Los, welches sie dadurch zu lindern trachten, daß sie den Dienstagabend unter ein therapeutisches Thema gestellt haben: »Als Deutscher im Ausland oder Mein peinlichstes Ferienerlebnis.« Zugelassen sind ausschließlich authentische Begebenheiten, erzählt wird in alphabetischer Reihenfolge, dem Sieger aber winkt eine Flasche Tignanello.

»Da kommt das Antipasto. Auf geht's, Anders!«

»Es muß 1956 oder 1957 gewesen sein. Ich war damals blutjunger Kunststudent, als ich während der Semesterferien von der fabelhaften Rembrandt-Ausstellung im Rotterdamer Boymans Museum hörte. Kurzentschlossen trampte ich nach Holland, nahm im Vorbeigehen das Amsterdamer Nationalmuseum und das Mauritshuis in Den Haag mit und erreichte eines Abends Rotterdam, wo ich sogleich die Jugendherberge aufsuchte. Am nächsten Morgen sollte mich mein erster Gang zu Rembrandt führen, und da ältere Holländer erfahrungsgemäß des Deutschen mächtig waren, fragte ich einen vorbeikommenden Herrn nach dem Weg zum Museum.

›Sind Sie Deutscher?‹ fragte der zurück. Ich bejahte, worauf er mich mit den Worten stehenließ: ›Dann antworte ich Ihnen nicht.‹

Ein Schock, der noch nachwirkte, als ich mich auf den Heimweg machte. Ein holländisches Ehepaar nahm mich mit und fragte mich nach meiner Herkunft. ›Österreich‹, log ich. ›Ach ja? Von wo denn?‹ ›Von Innsbruck‹, sagte ich aufs Geratewohl. ›Ach! Das kennen wir gut vom Skiurlaub! Gleich hinter Innsbruck ist doch dieses Gebirge ... Dieser ... Wie heißt das noch gleich?‹ ›Alpen?‹ fragte ich halbherzig. ›Nein, nein ... Es fängt mit Ka ... an. Sie müssen es doch kennen!‹ Ich kannte natürlich nichts, murmelte etwas von Karawanken und hatte dem ›Ach was! Karwendel!‹ der beiden ebensowenig entgegenzusetzen wie ihrem mißtrauischen: ›Und *Sie* wollen aus Innsbruck sein?‹ Aber da trennten sich unsere Wege auch schon, und ich schwor mir, mein Deutschtum in Zukunft nicht mehr zu verleugnen, koste es, was es wolle.«

Das Primo wurde aufgetragen, da ergriff Bernstorff das Wort: »Ich hatte mich mit meiner damaligen Freundin in einem toskanischen Bauernhaus eingemietet, als unsere durchaus vielversprechend eingeleitete gemeinsame Morgengymnastik durch Klopfen und Rufe gestört wurde. Am Sonntagmorgen wohlgemerkt, so gegen zehn Uhr – wer zum Teufel wagte es, uns zu stören?

Als ich die Tür öffnete, erkannte ich die Ursache: Im grellen, bereits sommerlich heißen Licht standen zwei dunkelgekleidete junge Männer, die das italienische Pendant zum ›Wachtturm‹ in Händen hielten. Der Anstand hatte es ihnen geboten, nicht unter den Arkaden, also im Hausbereich, zu warten, der Ärger verbot es mir, sie in den Schatten zu bitten. Statt dessen mimte ich den ratlosen Fremden ›Was wolle?‹

Nun verstehe ich ja etwas Italienisch und begriff daher ohne Probleme, was die beiden mir mitzuteilen versuchten, nämlich daß sie testimoni di Geova seien, also Zeugen Jehovahs. Doch da ritt mich der Teufel.

›Ah, ihr von Genova?‹ fragte ich auf die Männer deutend.

›Bella! Gut Stadt! Ich von Francofurte!‹ Und ich zeigte auf mich.

Schwitzend versuchten die beiden, meinen Irrtum richtigzustellen. Nicht von Genua, von Jehovah sei die Rede, also von dio, von Gott. Wieder mimte ich den Unverständigen, dem plötzlich ein Licht aufging. ›Capito! Uno, dio, trio‹, zählte ich, wobei ich bei uno auf mich und bei dio auf die beiden wies.

Erneute Verzweiflung über soviel Unverstand. Nun bereits schweißgebadet erzählten mir die beiden etwas von Gesù sprich Jesus und seinen apostoli Pietro e Paolo, also Petrus und Paulus, was mich zu erneutem Aha! und weiteren Fingerzeigen anstachelte: ›Ihr Pietro und Paolo? Ich Fritz! Salute!‹

Das war zuviel für die Zeugen. Kopfschüttelnd wandten sie sich zum Gehen, während ich ihnen noch ein tückisches ›Addio‹ hinterher rief.«

Daß man jetzt das Secondo auftragen könne, bedeutete Anders dem Kellner, worauf Claudius folgendermaßen begann: »Mein Erlebnis führt ebenfalls in den Süden, ins Griechenland der späten 60er Jahre. Ich war mit Frau und Mutter unterwegs, einer bereits etwas betagten Dame, die nun, gegen Ende der Reise im nicht allzu commoden R4, bereits etwas angegriffen wirkte. Zum Abschluß aber stand Athen auf dem Programm, und dort passierte denn auch das, woran ich mich noch heute nicht ohne leises Grausen erinnere.

Wir hatten nach langem Suchen ein auf den ersten Blick passables Hotel in der Nähe des Omonia-Platzes gefunden, stellten aber bei näherem Hinsehen, vor allem aber Hinhören fest, daß sich die tagsüber aufgeheizten Zimmer in Lärmhöllen verwandelten, sobald wir die Fenster zur Straße öffneten.

Daß wir auch ein ruhigeres Zimmer zum Hof bekommen könnten, bot der Wirt an, nur müßten wir uns dort zu dritt betten. Müde wie wir waren, stimmten wir zu, bereits in den Betten liegend, erkannten wir unseren Irrtum. Auch in diesem Zimmer stand die Hitze, auch in diesen Raum drang Höllenlärm, sobald wir das Fenster ein wenig öffneten: Alle Anwohner der angrenzenden Gebäude lebten, lachten, sangen und stritten bei weit offenen Fenstern, zum Lärm der Menschen gesellte sich der Krach der Fernseher und Radiogeräte – an Schlaf war nicht zu denken.

Nun hätte ich vermutlich schweigend gelitten, doch da war ja noch die Mutter, und es war der Gedanke an ihre Leiden, der mich zur Tat schreiten ließ. Zur Untat, besser gesagt.

Weit öffnete ich Fensterläden und Fenster, dann brüllte ich mit der gemeinsten mir zur Verfügung stehenden Knobelbecher-Kommißkopp-Stimme: ›Happ rapp Klütentüten! Schweinebauch und Sauerkraut!! Alles kaputt Kamerad, verstanden? Zack Zack!!!‹

Schlagartig verstummten die südländischen Mitbürger, und das sittigende deutsche Machtwort wirkte nach: Bald schliefen Mutter und Frau, nur ich lag noch lange wach, hin und her gerissen zwischen Stolz und Scham.«

Nachdenklich blickten Anders und Bernstorff auf den Erzähler, dann, noch vor dem Dolce, gingen alle drei daran, in geheimer Abstimmung den Sieger zu küren. Das Ergebnis? Das können wir uns doch eigentlich denken – oder?

Mein ist die Rache

Denken wir uns einen Mann, der es eilig hat. Stellen wir uns vor, daß er an einem Frankfurter Faschingsdienstag in seinem Wagen unterwegs ist, um einen lange abgesprochenen, ihm äußerst wichtigen Zahnarzttermin nicht zu verpassen. Halten wir uns vor Augen, daß es in den drei tollen Tagen für Autofahrer nicht ganz einfach ist, die Stadt zu durchqueren, da sich kostümierte Blagen an allen größeren Kreuzungen postiert haben, um dort »Faschingszoll« zu plärren und um Geld zu betteln.

Das ist, zugegeben, reichlich unfreundlich formuliert. Man könnte auch »Kinder« sagen und »rufen« und »um ein Scherflein bitten«. Doch der eilige Mann ist je länger, desto weniger in der Lage, einen freundlichen Blick auf die Welt zu werfen, er hält es mit dem Sprichwort »Pünktlichkeit ist die Höflichkeit der Könige«, und nun hat er ein Problem. Nicht nur, daß ein Geschäftstermin ihn ungebührlich lange aufgehalten hat, jetzt hindern ihn auch noch die Straßensperren daran, zügig sein Ziel zu erreichen. Das liegt am Rande der Innenstadt, in einem weniger verkehrsreichen Viertel, doch noch ist er auf der Haupt- und Ausfallstraße, auf der bereits zahlreiche Ampeln das Fortkommen behindern. Da haben ihm diese Blagen gerade noch gefehlt! Unter anderen Umständen hätte der Eilige die Kostümierten wahrscheinlich milder beurteilt, vielleicht sogar belächelt. Wann sah man schon am hellichten Tage Cowboys auf den Straßen und Prinzessinnen, Supermänner

47

und Fliegenpilze, Harry Potters und Hexen. Nur daß der Eilige auf seinem Weg durch die Stadt bereits zu viele gesehen hatte, daß er schon zu oft gezwungen gewesen ist, abzubremsen, weil ein Seil das Weiterkommen verhindert oder eine Kindergruppe mitten auf der Kreuzung die Arme ausgebreitet hatte. Der allerersten Forderung hatte er sogar nachgegeben, indem er einem kleinen Römer in Plastikrüstung eilige fünfzig Cent zugesteckt hatte. Doch seine Nerven auf seinem Wege ins entgegengesetzt gelegene Holzhausenviertel hatten sich von Faschingszoll zu Faschingszoll gereizt, hatten den Ärger in Erregung und Erregung in Wut verwandelt. Immer häufiger hat er die Kinder nicht nur finster angeblickt, sondern auch angeblafft, immer öfter hat er erst kurz vor der Straßensperre abgebremst, grad daß er niemanden anders als mit Worten angefahren hätte. Doch nun hat er es ja fast hinter sich. Schon ist er auf der Eschersheimer Landstraße, ein Blick auf die Uhr zeigt ihm, daß seine Verspätung mittlerweile auf runde zwanzig Minuten angewachsen ist. Was wohl Doktor Balk dazu sagen wird? Schließlich handelt es sich um einen Termin nach Vereinbarung, und Vereinbarungen waren nun mal dazu da, eingehalten zu werden. Diesmal freilich würde er sich verspäten, nun ging es darum, daß aus dem zu spät kein viel zu spät wurde! Der Eilige gab Gas. Eine Kreuzung noch, dann konnte er endlich rechts abbiegen, dann war er am Ziel. Doch da mußte er schon wieder auf die Bremse treten. Nicht die breite Kreuzung hatten Kinder diesmal versperrt, sondern die schmale Einfahrt in die Seitenstraße. Als maskierter Zorro und als Fee verkleidet hielten ein Junge und ein Mädchen ein gespanntes Tau in den Händen, mit der anderen, freien Hand reckte Zorro einen Degen in die Luft, während die Fee mit einem buntbebänderten Stab eine kreisende Bewegung vollzog. »Faschingszoll!«

Das ist einer jener Tropfen, welcher das Faß bis an den Rand füllt. So kurz vor dem Ziel noch einmal aufgehalten zu werden, ist fast zuviel für den Eiligen, vor Zorn bebend springt er aus dem Wagen.

»Faschingszoll!«

»Macht lieber eure Schularbeiten, anstatt hier rumzubetteln!«

»Wir haben keine Schule!«

»Ihr laßt mich hier jetzt sofort durch!«

»Die Straße hat Zorro gesperrt!« ruft seinen Degen schwingend der Junge, und das Mädchen, indem sie ihren langen Stab hebt, ergänzt: »Ich habe die Straße mit meinem Zauberstab verzaubert. Und wenn du keinen Faschingszoll zahlst, dann verzaubere ich auch dich, und zwar in einen Fosch!«

Vielleicht hätte sie zu diesen Worten nicht auch noch auflachen sollen, die kleine Fee. So aber fühlt sich der große Mann nicht mehr behindert, sondern auch beladen, und das bringt das Faß nun wirklich zum Überlaufen.

Viel später wird er Grund haben, sich zu fragen, was er da alles in seiner Wut angestellt hat. Waren Sachen oder Personen zu Schaden gekommen? Ein Ding mit Sicherheit, der Zauberstab der kleinen Fee. Denn als die Kinder nicht aufhören wollten, ihr »Faschingszoll« zu plärren, das Seil nicht sinken ließen, als Zorro dazu mit dem Degen fuchtelte und die Fee mit dem Stab auf ihn einhämmerte – »du bist ein Fosch, du bist ein Fosch, du bist ein Fosch« – da hielt es den Eiligen nicht mehr. Die beiden anbrüllend, entriß er dem Jungen das Seil und dem Mädchen den Stab. Die Kinder beiseite stoßend, wollte er wieder im Wagen Platz nehmen, schon schien die Straße frei, als die Fee sich nochmals auf ihn stürzte, diesmal, um ihm ihrerseits den Zauberstab zu entreißen.

49

Der jedoch, der Eilige merkte es zu spät, war aus geblasenem Glas, und das vertrug den beiderseitigen Zugriff nicht. Da zerbrach etwas, da wimmerte jemand, da war nun wirklich keine Zeit mehr zu verlieren. Eilig drehte der Mann den Zündschlüssel, im Rückspiegel sah er noch, wie sich das Mädchen nach Scherben bückte.

Doch all das ist gottlob Geschichte. Kaum in der Praxis angelangt, fällt die Eile von dem Mann ab. Aufatmend stellt er fest, daß seine Verspätung so wenig getadelt wird, wie seine Entschuldigung angezweifelt. Im Gegenteil. Fast hat er den Eindruck, als hätte er gar nicht früher kommen dürfen, da er Zeuge wird, wie Doktor Balk sich mit aufmunternden Worten von einer älteren Dame verabschiedet, bevor er sich mit einem herzlichen Händedruck dem Neuankömmling zuwendet: »Schön, Sie mal wiederzusehen. Liegt etwas Besonderes vor?«

»Leider ja. Zahnsteinreinigen und Zahnkontrolle natürlich, und so ein Ziehen im linken oberen Kiefer. Ich war das letzte Mal vor drei Monaten hier.«

»Dann kennen Sie ja den Weg!«

Der Mann nickt. Vom Doktor gefolgt, betritt er den Praxisraum und stellt erfreut fest, das dies ohne erhebliche Furcht geschieht. Das war nicht immer so. Der Mann ist nicht mehr der Jüngste, und seine ersten kindlichen Zahnarzterfahrungen waren derart gewesen, daß er noch als junger Mensch immer ein angstbedingtes Bauchgrimmen vor dem Zahnarztbesuch mit einer Mischung aus Beruhigungstabletten, Schmerzmitteln und Hochprozentigem hatte bekämpfen müssen. Wie anders jetzt! Grad, daß er rasch noch eine Doppelspalttablette eingeworfen hatte, bevor er ins Auto gestiegen war. Gelassen setzt er sich auf den Behandlungssessel und blickt aus dem Fenster. Das letzte Mal waren die Kastanien dabei gewesen, das verfärbte Laub abzuwerfen, jetzt stehen sie kahl und ganz schwarz vor dem grauen Himmel, eine skelettierte Dreiergruppe.

Der Mann sieht's und wundert sich erneut, wie wenig er dabei fühlt. Zugleich weiß er, daß seine Gelassenheit sich nicht stoischer Einsicht in die Unabwendbarkeit des Leidens verdankt, sondern der Tatsache, daß Medizin und Technik den Schmerz der frühen Zahnarztbesuche in den letzten Jahrzehnten fortlaufend gemildert, wenn auch nicht ganz ausgeschaltet haben. Betäubungsspritzen und Hochleistungsbohrer sind die guten Geister dieses früher so gefürchteten Raums, dank ihrer läßt sich der Mann mit dem Gefühl des Gefeitseins in den Sessel sinken, der sogleich zur Liege mutieren wird. Und richtig. Schon drückt Doktor Balk die Mechanik, schon flammt das Licht auf, schon hat der Arzt seinen Mundschutz aufgesetzt und der Patient in vorauseilendem Gehorsam den Mund geöffnet, da veranlassen Bewegungen der Tür den Zahnarzt, sich mit einer Entschuldigung von dem beflissenen Patienten abzuwenden: »Ja?«

Was dann geschieht, verfolgt der Mann zunächst nur als Tonspur. Eine leise Frauenstimme äußert ihm Unverständliches. Die Sprechstundenhilfe, vermutet er, und unterstellt Unerhebliches, jedenfalls nichts ihn Betreffendes. Und auch als sich dem Getuschel Geschluchze hinzugesellt, horcht er zwar auf, doch er hört nicht hin: Hat ja alles nichts mit mir zu tun! Gleich geht's weiter.

Aber vorerst trifft das nur auf das Schluchzen zu, das in Weinen übergeht, um in hohen, schwerverständlichen Klagelauten und Anklagen zu enden, die den Mann jäh erkennen lassen, daß durchaus auch sein Fall verhandelt wird. Der

Stimme nach zu urteilen, ist die Klagende ein Kind. Die Tochter des Doktors, da die Anrede »Pappi« ihre Klagen durchzieht. Schon verspürt der Mann diesem »Pappi« gegenüber leichten Ärger – muß der seine Vater-Tochter-Probleme ausgerechnet auf seine Arbeitszeit verlegen? –, da begreift der Mann plötzlich, daß er selber das Problem heraufbeschworen hat. Denn ein Wort läßt ihn erst aufhören, dann aufschrecken. Hatte er richtig gehört? Fosch?

Fosch, kein Zweifel. Denn Fosch, wimmert das Stimmchen erneut, »Fosch, Fosch, Fosch«.

Ahnungsvoll wendet der Mann den Kopf, um ihn sogleich wieder schnellstmöglich und so gut es geht im Schutz des Behandlungssessels zu verbergen. Unverkennbar hatte da eine kleine traurige Fee im Türrahmen gestanden und dem sichtlich bewegten Vater die Ärmchen entgegengestreckt, in der einen Hand den zerbrochenen Zauberstab, die andere Hand demonstrativ gespreizt. Täuschte er sich, wenn er glaubte, Schnittwunden im Händchen erkannt zu haben? Der Mann suchte noch tiefer in den Sessel zu sinken. Was immer er da von diesem Mädchen zu erkennen glaubte – was wirklich zählte, war die Antwort auf die Frage, ob das weinende Wesen ihn erkannt haben konnte.

Gesehen hatte es ihn, soviel wußte der Mann. Zu unbedacht hatte er sich umgewandt, zu weit seinen Kopf verdreht. War ihm nicht sogar ein erstauntes »Oh« entfahren, ein veritabler Schreckenslaut, der das Kind veranlaßt hatte, seinerseits den Kopf zu wenden? Angeschaut hatte es ihn ohne Frage. Aber was hatte es in Sekundenschnelle durch die verheulten Augen überhaupt wahrnehmen können? Das Gewimmer in seinem Rücken geht in Gewisper über, da nennt eine Männerstimme den Mann beim Namen, und der sieht sich erneut gezwungen, den Kopf zu wenden, nur ein klein wenig, gerade so viel, daß der oberflächlichsten Höflichkeit Genüge getan ist: »Ja?«

Da steht Doktor Balk, die Fee auf dem Arm. Sie hat die Ärmchen um seinen Hals geschlungen und das immer noch vom Feenhut bedeckte Köpfchen auf die Schulter des Vaters gelegt. Er bitte den Patient um Entschuldigung: Er müsse sich leider um sein Kind kümmern, aus wichtigem Grunde. »Nein, bleiben Sie ruhig liegen, ich bin gleich wieder bei Ihnen.«

Hastig nickt der Angesprochene, um sogleich den Kopf schnell aus dem Blickfeld zu ziehen. Nicht schnell genug, denn ein weiteres Mal glaubt er sich vom Kinde betrachtet. Auch beschuldigt? Was mag die Kleine dem Vater ins Ohr tuscheln? Der hat sich nun schon vor fünf Minuten entschuldigt, und dem Mann ist die Zeit lang geworden. Warten zersetzt. Längst ist die Abgeklärtheit zum Teufel, mit welcher er auf dem Stuhl Platz genommen hatte. Jetzt würde er gerne etwas Hochprozentiges kippen, statt dessen muß er sich mit einem Schluck Wasser aus dem Plastikbecher begnügen. Aufseufzend legt er sich zurück, da stellt sich erneute Beklemmung ein. All die Gerätschaften über ihm, der Scheinwerfer, die gelenkigen Stative, die glitzernden Einsätze, Aufsätze und Zusätze offenbaren je länger je mehr ihr Doppelgesicht. War er vor kurzem noch eindeutig in ein Behandlungszimmer getreten, so sieht sich der Mann nun in einem plötzlich potentiellen Verhörraum. Gar in einer Folterkammer?

»Das kann er nicht tun, das wird er nicht tun«, denkt der Mann und weiß zugleich, daß er nichts weiß. Nichts von dem, was Doktor Balk mittlerweile in Erfahrung gebracht haben mag. Nichts davon, welchen Schluß der Doktor ziehen könnte, sobald er den wahren Sachverhalt kennengelernt hat. Würde er Vatergefühle und ärztliches Ethos sauber scheiden können?

Nicht länger liegt der Mann. Nun, nach zehn Minuten des Wartens, ist er zum Handeln, und das meint zum Gehen entschlossen. Er hat sich aufgesetzt, da hindern ihn Geräusche im Flur, seinem Vorsatz sogleich die Tat folgen zu lassen. Angestrengt horcht er, zugleich nimmt sein Blick, glaubt er, Bedrohliches wahr, den glänzenden Hängeschrank voller Ampullen und Spritzen, die Ablage mit den sorgfältig sortierten, sauber polierten Metallstiften, deren Verwendungszweck ihm so dunkel ist, wie ihre Botschaft klar: Wir können alle weh tun.

Werden sie das? Steht hinter der Tür bereits der Doktor? Lang genug hat der Mann das Wort verdrängt, vermieden und verschwiegen, doch jetzt kommt's ihm über die Lippen, mit einem Satz:

»Mein ist die Rache, redet Gott.«

Wo kam denn das noch mal her? Und wieso ist der Satz unablösbar mit Brandgeruch verbunden und von Knistern unterlegt?

Hatten sich die Gedanken des Mannes bis jetzt zäh und kreisförmig um Zukünftiges bewegt, so heben sie nun blitzschnell und geradlinig Vergangenes ins Gedächtnis.

War er damals elf, war er zwölf Jahre alt gewesen? Jedenfalls hatte er es durch seinen Einsatz geschafft, bei einem Balladen-Wettbewerb auftreten zu dürfen. Die gesamte Unterstufe war in die Aula gerufen worden, um den vier Finalisten zu lauschen, und er hatte mit seinem Vortrag einer Ballade mächtig beeindruckt: »Die Füße im Feuer«, von Conrad Ferdinand Meyer.

Unmöglich, jetzt aufzustehen, dem Mann ist es, als ob eine gewichtige Erinnerung ihn in den Sitz zurückdrücke, dabei fällt ihm zunächst nur Grauses, ja Komisches ein. Welche Schwierigkeiten ihm während der Proben bereits die Ansage bereitet hatte: »Die Füße im Feuer, von Conrad Ferdinand Meuer.«

»Meyer! Conrad Ferdinand Meyer!«
»Ach ja, natürlich. Die Füße im Feier, von Conrad Ferdinand –«
»Feuer!«
»Aber der heißt doch Meyer!«
Auf der Bühne der Aula jedoch war dann alles gut gegangen: Die Füße im Feuer. Von Conrad Ferdinand Meyer.

Wild zuckt der Blitz. In fahlem Lichte steht ein Turm.
Der Donner rollt. Ein Reiter kämpft mit seinem Roß,
springt ab und pocht ans Tor und lärmt...

Noch wüßte der Mann den Grund dieses Lärms nicht zu nennen, doch dessen, daß er ihn sogleich erfahren wird, kann er sicher sein. Staunend wird ihm bewußt, daß er die seit Jahrzehnten nicht mehr memorierte Ballade vollständig, wortwörtlich und ohne das geringste Zögern aufsagen kann:

Sein Mantel saust
im Wind. Er hält den scheuen Fuchs am Zügel fest.
Ein schmales Gitterfenster schimmert goldenhell,
und knarrend öffnet jetzt das Tor ein Edelmann...

War der nicht Hugenotte? Und welcher Dienst hatte den
Reiter zum Edelmann geführt?

Ich bin ein Knecht des Königs, als Kurier geschickt.

Richtig! Er fordert Herberge, der Edelmann gewährt sie
ihm.

Tritt ein und wärme dich! Ich sorge für dein Tier!

Eine ungute Konfrontation, erinnert sich der Mann, und
rasch wird ihm seine Ahnung ebenso zur Gewißheit wie die
des Kuriers, dem vor dem Herdfeuer im dunklen Ahnensaal
dämmert, daß er den Ort schon einmal betreten hat:

Leis sträubt sich ihm das Haar. Er kennt den Herd, den
Saal …
Die Flamme zischt. Zwei Füße zucken in der Glut.
Verdammt! Dasselbe Wappen! Dieser selbe Saal!
Drei Jahre sind's … Auf einer Hugenottenjagd …

Ja, richtig! Der Kurier hatte damals den Edelmann
ergreifen wollen, im Schloß jedoch nur dessen junge Frau
und zwei Kinder vorgefunden.

Ein fein, halsstarrig Weib …, Wo steckt der Junker? Sprich!

Sie aber hatte geschwiegen.

Ich werde wild. Der Stolz! Ich zerre das Geschöpf …

Jetzt trägt die Ballade den Mann, und er läßt sich von ihr tragen, obwohl er weiß, daß die Fahrt ungut enden wird. Doch vorerst sieht er sich wieder auf der Aulabühne, einen entflammten Knaben, der sein Publikum bedenkenlos an die Kandare nimmt, indem er das schreckliche Geschehen bei Bedarf geradezu aufheulend und sogleich darauf fast flüsternd vorträgt.

> Die nackten Füße pack' ich ihr und strecke sie
> tief mitten in die Glut ... – heulend: Gib ihn heraus!
> Flüsternd: Sie schweigt ...
> Sie windet sich ...

Der Kurier erinnert sich seiner Untat, der Mann aber hat einen Augenblick lang Schwierigkeiten, den Fortgang zu erinnern. Was geschah mit der Frau? War da überhaupt von ihrem Tod die Rede gewesen? Aber dann weiß er wieder, daß sein Lehrer des Dichters Ausspartechnik gelobt hatte, diesen Umschlag von »Sie windet sich«, ergänze: und stirbt,

> Sahst du das Wappen nicht am Tor?

Mit einem Sprung sind wir wieder in der Gegenwart. Zeit genug, daß der Übeltäter sich die Folgen seiner grausigen Tat vor Augen führen kann, sofern der Edelmann ihn erkennt:

> Hat er nur einen Tropfen Bluts, erwürgt er dich.

Sofern der Edelmann ihn erkennt. Aber ist ihm das überhaupt möglich? War nicht gerade seine Abwesenheit der Grund für die Untat des Gastes gewesen? Fast sieht es so aus, als ob er noch mal davonkommt. Er wird zu Tisch gebeten, an dem bereits die Kinder, ein Mädchen und ein Knabe, Platz genommen haben:

Ihn starren sie mit aufgerißnen Augen an –

Und wieder überläßt der Dichter dem Leser zu erraten, daß der Mörder begreift, wem er da gegenübersitzt, den Zeugen seiner Bluttat. Haben sie ihn erkannt? Nach drei Jahren? Der Gast empfiehlt sich so rasch es geht.

Ein Diener leuchtet ihm,

Zu spät, denn

doch auf der Schwelle wirft er einen Blick zurück
und sieht den Knaben flüstern in des Vaters Ohr...

Mit welch fürchterlich bedrohlichem Unterton er diesen Satz damals artikuliert hatte! Wie unheilschwanger er ihn hatte ausklingen lassen, bevor er dem Gast ins Turmgemach gefolgt war:

Fest verriegelt er die Tür. Er prüft Pistole und Schwert.

All das würde der Mann ihm nun gerne nachtun, zugleich weiß er, daß er nur die Tür zu öffnen braucht, um als freier Mann auf die Straße zu treten. Nun wartet er bereits seit fünfundzwanzig Minuten auf die Rückkehr des Arztes – was hindert ihn, der beklemmenden Parallelaktion ein Ende zu bereiten? Kaum hat er das Wort gedacht, da muß er auflachen.

Was, bitte schön, gab's da zu vergleichen? Der Kurier hatte eine Frau ermordet, er, schlimmstenfalls, eine Kinderhand beim Gerangel um den Zauberstab verletzt. Die Täterschaft des Kuriers war von den Kindern eindeutig erkannt und dem Vater genannt worden, ihn hatte das Mädchen nach menschlichem Ermessen nicht identifizieren können. Dem Kurier drohte die blutige Rache des Witwers, ihm, wenn alles schief lief, eine – aber nein, das war nicht auszudenken, rasch weiter im Text: Den Kurier ermüdet das Warten.

Auf seinen Lidern lastet Blei,

Den Mann reißt die Erinnerung fort: Nun erst, da der Vortragende all die Klippen von Zeitsprung und Rollenwechsel hinter sich hat, kann er so richtig aufdrehen. Und da ist keiner mehr, welcher der unerbittlichen Rollenwortwalze Widerstand zu leisten vermag:

Erwach'! Du solltest längst von hinnen sein! Es tagt!
Durch die Tapetentür in das Gemach gelangt,
vor seinem Lager steht des Schlosses Herr – ergraut,
dem gestern dunkelbraun sich noch gekraust das Haar.

Und Stille. Und im Geist zählen: einundzwanzig, zweiundzwanzig, dreiundzwanzig – »Bis zu fünf Sekunden kannst du dir Zeit lassen«, hatte der Lehrer ihn beschworen. »Jetzt hast du sie mit Haut und Haar. Jetzt will jeder wissen, wie es weitergeht. Jetzt halte sie hin!« Vierundzwanzig, fünfundzwanzig, und … Stimmungswechsel!

Sie reiten durch den Wald. Kein Lüftchen regt sich heut.

Dann die frühen Vöglein, die friedsel'gen Wolken, die klare Luft, die dunkle Scholle, der kräftige Erdgeruch. Schon scheint das Drama der Nacht in schierer Idylle zu enden, schon glaubt sich der Kurier in Sicherheit, da er meint, seinesgleichen vor sich zu haben:

Herr,
Ihr seid ein kluger Mann und voll Besonnenheit
und wißt, daß ich dem größten König eigen bin.
Lebt wohl! Auf Nimmerwiedersehn! Der andre spricht:

Und in den drei Zeilen rückt der Dichter den himmelweiten Unterschied zwischen dem Kurier und dem Edelmann zurecht:

Der andre spricht:

Einundzwanzig,

Du sagst's! Dem größten König eigen!

Einundzwanzig, zweiundzwanzig,

Heute ward
sein Dienst mir schwer…

Einundzwanzig, zweiundzwanzig,

Gemordet hast du teuflisch mir
mein Weib!

Einundzwanzig, zweiundzwanzig, dreiundzwanzig,

Und lebst … Mein ist die Rache, redet Gott.

Und noch mal einundzwanzig, zweiundzwanzig, dreiundzwanzig, Kopf langsam senken, ins Publikum schauen, Verbeugung, Aufrichten, Applaus abwarten. Und der war ja dann auch ausgebrochen, ja, überreichlich dem Knaben zuteil geworden. Nie wieder hatte der Mann dergleichen erlebt: Er bestaunt, er bejubelt, er preisgekrönt! Urkunde und Geschenk, der Gedichtband »Der goldene Brunnen«, waren ihm einstimmig zuerkannt worden. Danke Herr Direktor, schönen Dank Herr Doktor Gutkess danke schön Herr Kraus. Da geht die Tür … Dröhnt hier ein Tritt … Schleicht dort ein Schritt? …

Nein, das Ohr hat den Mann nicht getäuscht. Jemand hat den Raum betreten. Den Kopf wendend erkennt er den Doktor, der sich merkwürdig wortkarg an Knöpfen und Schaltern zu schaffen macht. Ergraut ist er jedenfalls nicht, denkt der Mann noch. Da flammt das Licht auf, und eine bemerkenswert unverbindliche Vorzimmerdame fordert ihn auf, sich in Ruhelage zu begeben und den Mund zu öffnen.

Immerhin ist er nicht ergraut, beruhigt sich der Mann, und versucht in den Augen des Maskierten zu lesen. Der schiebt gerade ein gurgelndes Absauggerät in den Mund des Mannes, da begreift er jäh, daß sich aus dieser Tatsache zweierlei folgern läßt, eine gute und eine verhängnisvolle Botschaft. Die gute: Der Doktor weiß von nichts und hat daher auch keinen inneren Kampf mit seinem größeren König ausfechten müssen. Die verhängnisvolle: Der Doktor weiß alles, ist jedoch niemandem eigen. Also entfällt der Kampf, also enthebt ihn niemand der Rache, also – doch an diesem Scheideweg, denke ich, sollten wir sie ihrem Schicksal überlassen, den Mann und den Doktor. Denn was immer noch geschehen mag, es ist entweder nicht der Rede wert, oder nicht in

Worte zu fassen. Gesetzt den Fall, der Doktor ist unwissend, dann erwartet den Mann, ebenso wie uns, eine völlig normale Zahnbehandlung. Geschenkt. Vorausgesetzt, er weiß, dann öffnen sich zwei Möglichkeiten: Entweder weiß sich der Doktor einer höheren Instanz verpflichtet, einem Herrn, einem Sittengesetz, einem Standeskodex, dann wird seine Behandlung ebenfalls in einer hochnormalen Prozedur münden. Ebenfalls geschenkt. Oder er weiß und reißt als liebender Vater – ein Mann sieht rot – und strafender Arzt – ein Mann sieht schwarz – das Gesetz des Handelns an sich: »Mein ist die Rache, redet Balk.«

Und daß wir uns von diesem Vorgang ab- und erfreulichen Dingen zuwenden wollten, das wird uns, denke ich, niemand verdenken wollen.

Die Musikstunde

Vermeers Bilder sind so zurückhaltend, daß schrille
disharmonische Stimmen oder plötzliche Geräusche
ganz fremd erscheinen.

                                                    Arthur K. Wheelock, Jr.

Denken wir uns Delft, eine im 17. Jahrhundert blühende
Stadt, von der ein durchreisender Engländer zu berichten
wußte: »Delft hat so viele Brücken wie das Jahr Tage hat und
ebenso viele Grachten und Wasserstraßen, auf denen die
Schiffe hin und her fahren.«

Eine Mitteilung, die wir getrost vergessen können, da sie
mit dem folgenden Ereignis in keinerlei Zusammenhang
steht.

Das nämlich spielt sich nicht nur *auf* dem Festland, sondern zudem *in* einem geräumigen Haus ab, »Mechelen«
genannt, am Grote Markt der Stadt gelegen und dank einer
Erbschaft seit dem Jahr ihrer Eheschließung, 1653, Heimat
des Ehepaars Jan und Catharina Vermeer.

Diese Heirat liegt nun schon zehn Jahre zurück, und in
diesem Zeitraum hat sich so einiges getan. Jan ist bereits seit
langem als »Meistermaler« in der Delfter Lucasgilde eingetra-
gen; mit seinen Darstellungen gelassener Menschen bei ruhigen Tätigkeiten in stillen Innenräumen zählt er nach dem
durch einen Unglücksfall aus dem Leben gerissenen Carel

Fabritius und neben Pieter de Hooch, Gerard Terborch und Jan Steen zu den bekanntesten Vertretern der Delfter Malerei.

Reich hat ihn seine Kunst freilich nicht gemacht, und das hat gute Gründe. So langsam er an seinen meist kleinformatigen Bildern arbeitet, so rasch vergrößert er seine Familienschar; als der Maler im Jahre 1675 im Alter von 43 Jahren stirbt, wird er seiner Frau elf Nachkommen, 28 seiner insgesamt rund 45 Bilder und einen Haufen Schulden hinterlassen. Noch freilich schreiben wir das Jahr 1663, noch ist die Zahl der Kinder auf fünf beschränkt, auf die beiden Mädchen Martha und Saskia sowie auf die drei Jungs Johannes, Willem und Pieter.

Kein Wunder, daß Frau Catharina von früh bis spät alle Hände voll zu tun hat. So ein Haus sauberzuhalten, macht viel Arbeit und manchmal sieht sie sich sogar gezwungen in das Allerheiligste von »Mechelen« einzudringen, in das Atelier des Malers und Gatten Jan Vermeer. Der hat gerade das Arrangement für ein vor längerer Zeit begonnenes Gemälde zurechtgerückt, hat den teppichbedeckten Tisch im Vordergrund ein wenig zur Seite geschoben, hat die Modelle am weit entfernten Virginal postiert, hat durch einen zwischen den Tisch und die Menschen plazierten blaubezogenen Stuhl und eine auf den Boden gelegte Baßgeige für zwei zusätzliche raumschaffende Bildebenen gesorgt, will just zum Pinsel greifen, um ihn in die frisch angeriebene Farbe zu tauchen – als unvermutet Frau Catharina eintritt, mit Wassereimer, Lappen und Leiter bewaffnet und von der Kinderschar gefolgt:

»Gott zum Gruß Juffer Maria, einen guten Tag Jonker van Basten, hallo Jan, nicht stören lassen, ich muß hier kurz einmal durchwischen.

Hat es einen tieferen Sinn, daß da eine Baßgeige auf dem Boden liegt? Ach so – du malst gerade eine Musikstunde, und Juffer Maria ist die Schülerin und Jonker van Basten der Lehrer? Sieht so ein Musiklehrer aus, Jan? Ist recht, ist recht, ich rühr die Baßgeige nicht an, obwohl das Virginal an der Wand in meinen Augen für eine Musikstunde völlig ausreichen würde. Aber ich bin ja nur eine einfache Frau, und du bist der Meistermaler, ich halte mich da raus. Pieter, lauf nicht ins Bild! Und zupf nicht an dem Teppich rum, sonst fällt der Krug vom Tisch. Martha – du paßt auf Pieter auf, und du Willem, hilfst mir beim Bodenwischen. Ach, ich soll hier nicht Bodenwischen? Weil erstens der Herr Jan malen will und weil zweitens die Baßgeige Schaden nehmen könnte? Saskia, laß die Finger von der Baßgeige! Johannes, hol sofort Saskia zurück! Ist das das Bild, an dem du gerade malst, Jan? Findest du nicht, daß da ein bißchen viel Teppich drauf ist? Und daß sich dieser Teppich auf diesem Tisch ein bißchen zu sehr in den Vordergrund drängt? Während die beiden Menschen ein bißchen arg weit weg sind? Das ist jetzt keine Kritik, aber wenn ich daran denke, wie lange du wieder an diesem Teppich herummalen wirst! Glaubst du wirklich, daß die Leute einen Haufen Geld für einen gemalten Teppich ausgeben werden, wenn sie für das gleiche Geld einen echten kaufen können? Ich will dir ja nicht reinreden, aber wenn der Terborch eine Musikstunde malt, dann sitzen die musizierenden Juffertjes und Jonkertjes ganz vorn im Bild und so, daß ihre Gesichter auch gut zu sehen sind. Die Leute sind nämlich einfach gestrickt – sie lieben schlicht und ergreifend hübsche Gesichter. Ein schöner Rücken kann auch entzücken, sagt man zwar – aber warum darf die arme Juffertje Maria ihr Gesicht nur im Spiegel zeigen? Ist sie dir nicht schön genug,

Jan? Schöner als dieser Riesenteppich ist sie doch allemal – doch apropos ›Teppich‹: Wenn der Terborch einen Teppich malt, dann liegt der hinten im Bild oder ganz unauffällig auf dem Tisch herum und nicht – Martha! Pieter will sich Papas Pinsel in den Mund stecken, bring ihm den Pinsel zurück! Aber apropos ›zurück‹: Zurückhaltend geht's ja auf Terborchs Bildern nicht gerade zu, wenn da musiziert wird. Da knistert's ordentlich zwischen den Juffertjes und den Jonkertjes. Bei dir knistert gar nichts, Jan, laß mich das so hart sagen. Da kann auch nichts knistern, wenn die Frau nicht mal aus dem Bild guckt. Mal doch mal wieder sowas wie ›Bei der Kupplerin‹, Jan! Da hat's noch ordentlich geknistert, da hat der Mann der Frau die Hand groß und breit auf die Brust gepatscht – so was das mögen die Leute. Aber doch nicht Frauen von hinten, und vorne nichts als Teppich. Saskia, zupf nicht an der Juffert! Johannes, paß auf die Saskia auf! Pieter, leg sofort den Pinsel weg! Das ist Papas Pinsel! Pinsel bäh bäh! Jetzt hätte der Pieter um ein Haar den Teppich vollgemalt, Martha! Und ich hätte ihn wieder stundenlang reinigen – aber apropos ›reinigen‹: Ich bin schließlich nicht zum Vergnügen hier. Jetzt wird gereinigt. Na gut, na gut, der Boden kommt das nächste Mal dran, aber die Fenster sind fällig. Wie kannst du überhaupt etwas sehen, bei so verdreckten Fenstern? Deine Augen sind doch dein Kapital, Jan! Du bist schließlich Maler, und ein Maler, der nichts sieht – Johannes! Siehst du nicht, daß Saskia Papas Terpentin austrinken will? Saskia pfui, pfui, pfui! Ja, Jan, wir gehen ja gleich wieder, aber erst kommen noch die Fenster dran! Auf deinen Bildern sind die Fenster auch immer sauber – da können sie es in Wirklichkeit ruhig ebenfalls sein. Auf deinen Bildern ist überhaupt alles immer so sauber. Immer diese aufgeräumten Zimmer mit diesen fei-

nen Leuten bei diesen edlen Tätigkeiten: Perlenwiegen, Brie-
feschreiben, Virginalspielen. … Hab ich jemals Perlen gewo-
gen? Mal mich doch mal beim Fensterputzen. Oder mal uns
mal beide zusammen! Nein, nicht beim Fensterputzen, beim
Feiern. Der Rembrandt hat sich beim Feiern mit seiner Frau
gemalt, der Metsu hat sich beim Feiern mit seiner Frau
gemalt – warum malst denn du dich nie mit mir beim Feiern?
Willem! Kippel nicht am Wassereimer! Wenn der umfällt,
wird die Baßgeige naß, und wenn die Baßgeige naß wird –
wem gehört die Baßgeige eigentlich? Den van Rujvens? Findest du es eigentlich so gut, eine geliehene Baßgeige auf den
Boden zu legen? Wenn Juffert Maria auch nur einen kleinen
Schritt zurücktritt, stolpert sie mit Sicherheit über – rums!
Ach Martha! Warum hast du denn den Pieter auf die Leiter
gelassen? Ja, Pieter, das tut weh, wenn man von der Leiter
fällt. Aber apropos ›fällt‹: Da fällt mir ein, daß der Terborch
das Bild von seinem kranken Kind für einen schönen Batzen
an die Kammermans verkauft hat. Mal doch auch mal ein
krankes Kind, Jan. Oder überhaupt Kinder. Wir haben doch
so viele, und auf deinen Bildern sind nie Kinder drauf. Wie?
Das war der Metsu mit dem kranken Kind? Dann sind bei
Terborch eben gesunde Kinder auf den Bildern. Gesunde Kinder wie bei uns. Mal doch mal gesunde Kinder, Jan! Oder *ein*
gesundes Kind. Oder wenigstens einen gesunden Hund! Bei
Terborch ist immer ein Hund auf dem Bild, na gut, nicht
immer, aber doch sehr häufig. Und er fährt gut damit, wenn
ich Frau Terborch glauben darf. Jedes Hundchen bringt ein
Pfundchen. Ein Pfundchen was? Was weiß ich: Ein Pfundchen Zucker, ein Pfundchen Austern, ein Pfundchen Äpfel –
aber apropos ›Äpfel‹: Mal mich doch mal beim Apfelschälen!
Und die Kinder gucken zu. Das spart Modellkosten und wird

gern gekauft. Der Terborch hat seine Frau beim Apfelschälen gemalt, der de Hooch hat seine Frau beim Apfelschälen gemalt, immer mit zuguckenden Kindern – warum malst du denn nie, achherrje! Jetzt hat der Pieter den Wassereimer umgekippt, und das ganze schöne Wasser läuft in die Baßgeige! Juffert Maria! Jonker van Basten – stehn Sie nicht so rum! Greifen Sie sich Lappen, helfen Sie beim Aufwischen! Aber wer legt denn auch eine Baßgeige auf den Boden, Jan! So eine verrückte Idee! Aber apropos ›Idee‹: Kannst du deine Staffelei eine Idee zur Seite rücken, sonst – Pieter! Komm sofort runter von Juffert Maria! Nein, die ist kein Hoppedie! Willem, gib Jonker van Basten seinen Stock zurück! Saskia, das ist nicht unser Teppich, da wird nicht Pipi drauf gemacht! Johannes, Finger weg vom Virginal! Martha, laß den Krug stehen! Wo ist eigentlich dieser Krug her? Gehört der nicht in die Küche? Und ich kann ihn dann wieder stundenlang suchen. Aber was beklage ich mich groß? Bin ja nur ein kleines Frauchen, gerade gut genug, um im Atelier des großen Meisters für etwas Ordnung zu sor – wie bitte? Ich hätte schon genug Unordnung angerichtet? Das waren immer noch die Kinder, die du mir gemacht hast, Jan. Aber apropos ›Unordnung‹: Mal doch mal eine ordentliche Unordnung. Nie liegt etwas auf deinen Bildern rum. Außer Baßgeigen, versteht sich. Mal doch mal das, was wirklich immer auf dem Boden rumliegt. So wie bei Jan Steen. Bei dem liegen Schuhe rum und Eßwaren und Spielzeug und Geschirr und Wäsche und Hüte und Hunde sowieso – und er verdient sich eine goldene Nase damit. Aber gut, aber gut! Der Meister will seine Ruhe, die Familie zieht sich auf Zehenspitzen zurück – Willem, wird's bald mit dem Stock von Jonker van Basten? Saskia, zieh das Höschen hoch! Pieter, entschuldige dich bei Juffert Maria!

Johannes, laß den Baßgeigenbogen liegen und greif dir die Leiter! Martha, du trägst den Wassereimer! Na dann – gute Verrichtung allerseits. Und komm nicht zu spät zum Essen, Jan! Gegessen wird immer noch um sechs!«

Jan Vermeer beendete das Gemälde im Jahre 1664.
Unter dem Titel »Die Musikstunde (Herr und Dame am Virginal)« zählt es seit 1762 zum kostbarsten Besitz der Royal Collection, Windsor Castle/Buckingham Palace.

Bei den Reichen

Denken wir uns das Weltgericht. Sogleich nach dem Ende aller Zeiten hat es begonnen zu tagen, sofern Zeitbegriffe wie »Beginn« und wie »tagen« nicht allen Sinn dann verlieren, wenn von Zeit selber nicht mehr die Rede sein kann, was freilich auch sein Gutes hat. Erst im Zustand der Zeitlosigkeit ist es möglich, jene gewaltige juristische Leistung ernsthaft anzugehen, die ein Begriff wie Weltgericht impliziert: In ungezählten Gerichtssälen laufen ebenso unzählbare Gerichtsverfahren in Sachen eines jeden, der vor dem Ende der Zeiten jemals auf Erden gelebt hat. Auch der Schriftsteller Norbert Gamsbart hat sich zu verantworten, auch ihm wird die gleiche Behandlung zuteil, wie jedem Erdenwurm ohne Ansehen seiner Person zusteht. Während ein Ankläger im Beisein des Richters und der Schöffen mit spitzen Fingern Schwachpunkt für Schwachpunkt des betreffenden Erdenwallens auf den Richtertisch trägt, versucht ein Verteidiger, die Anklage nach bestem Vermögen zu entkräften, wenn nicht der Angeklagte selber den Versuch unternimmt, als Zeuge in eigener Sache zu punkten. So auch Gamsbart. Oft genug hat ihm Peinlichkeit die Sprache verschlagen, doch den just anstehenden Anklagepunkt glaubt er mit etwas Geschick widerlegen zu können, zumal er sich des Beistands seines Verteidigers sicher sein kann. Der hat ihm oft genug aus Verlegenheiten geholfen, wenn während seiner bisher verhandelten Lebensjahre Not am Mann war, er wird ihn auch diesmal, das jedenfalls hofft Gamsbart, beim Anklagepunkt »Besuch einer Millionärsparty« nicht hängen lassen. Doch da wird schon sein Name aufgerufen:

RICHTER Ich rufe Norbert Gamsbart.

GAMSBART Hier!

ANKLÄGER Kommen wir nun zum Abend des 25. 5. 1993. Wie an den Vortagen hielten Sie sich zu diesem Zeitpunkt auf Sardinien auf.

GAMSBART An der Costa Smeralda, korrekt.

ANKLÄGER Schildern Sie doch einmal die Umstände, die Sie dorthin geführt hatten.

GAMSBART Aber die habe ich doch schon oft und oft erklärt.

VERTEIDIGER Möglicherweise sind sie dem einen oder anderen der Schöffen entfallen oder nur nicht ganz geläufig. Bitte, Herr Gamsbart.

GAMSBART Zusammen mit meinem befreundeten Kollegen Sir Pit und Anselmus hielt ich mich auf Sardinien zum Zwecke der Ideenfindung auf.

ANKLÄGER Nicht eher aus Gründen des Gelderwerbs?

GAMSBART Im vorliegenden Fall deckten sich beide Zwecke.

ANKLÄGER Ich zitiere aus Ihrer Aussage des Vortags. Zitat: Wir waren zusammen mit Otto bei Gino untergebracht. Gino, Amerikaner, Hausbesitzer und Freund Ottos hatte uns, die Autoren, zu sich geladen, damit wir in entspannter Atmosphäre gemeinsam mit dem Star Ideen für eine Fernsehshow entwickeln konnten.

ANKLÄGER Gehe ich fehl in der Annahme, daß es sich bei besagter Show um ein Vorhaben von großer Nichtsnutzigkeit gehandelt hat?

VERTEIDIGER Einspruch, Euer Ehren! Diese Qualifikation beinhaltet eine Verurteilung.

RICHTER Einspruch stattgegeben! Wie würden Sie selber Ihre Arbeit auf Sardinien bewerten, Herr Angeklagter?

GAMSBART Man kann mit guten Gründen bestreiten, daß ihr Ergebnis die Menschheit besser oder klüger gemacht hat, doch dürfte es andererseits auch sehr schwerfallen, das Gegenteil zu beweisen.

ANKLÄGER Gehe ich recht in der Annahme, daß Sie selber dieser Ideenfindung, wie Sie sie zu nennen pflegen, reserviert gegenüberstanden?

GAMSBART Das kann man so sagen. Ja.

ANKLÄGER Glaubten Sie, als Autor Ihres Talents nichts Besseres und Sinnvolleres leisten zu können?

GAMSBART Ich hoffte es. Richtig.

ANKLÄGER Sie hatten sich daher fest vorgenommen, die Abende ernsthafter schriftstellerischer Arbeit zu reservieren.

GAMSBART So war es. Stimmt.

ANKLÄGER Dennoch sind Sie am Abend des 25. 5. Ihrem Vorsatz untreu geworden und mit Ihrem Kollegen Gino und dem – wie Sie ihn nennen – Star, also Otto, auf eine Party gegangen. Wie läßt sich diese bedauernswerte Zeitverschwendung rechtfertigen? Wie können Sie Ihren Partybesuch mit Ihrem schriftstellerischen Ethos verbinden? Mit Ihrem Talent sollte ein Künstler doch wuchern. Haben Sie an jenem Abend nicht dazu beigetragen, es ein weiteres Mal zu verschludern?

GAMSBART Der Künstler, zumal der Schriftsteller, ist zur Wahrhaftigkeit verpflichtet. Diese gewinnt er nur durch Inaugenscheinnahme. Sie allein gewährleistet, daß er nicht einfach das reproduziert, was andere bereits in seinen Kopf hineingetan haben, sondern den Blick auf die Welt neu justiert.

ANKLÄGER Den Blick auf welche Welt?

GAMSBART Beispielsweise den Blick auf die Welt der Reichen. Ich war meinen Kollegen und den anderen Genannten deswegen gefolgt, weil sie von einer Millionärsparty in einer Villa gesprochen hatten. Nein – von einer Party in einer Millionärsvilla.

ANKLÄGER Sie folgten also wieder einmal dem Lockruf des Geldes?

VERTEIDIGER Einspruch, Euer Ehren. Die Anklage unterstellt unbegründet unlautere Motive.

RICHTER Einspruch stattgegeben.

VERTEIDIGER Versuchen Sie sich mal genau zu erinnern, Herr Gamsbart. Mit welchen Worten war Ihnen der zu erwartende Vorgang denn angekündigt worden?

GAMSBART Ich sagte es bereits: als Party. Oder, nein, jetzt erinnere ich mich: als Dinner. Als Dinner bei einem Turiner Millionär und dessen Turiner Freundin.

ANKLÄGER Und da erwarteten Sie etwas Prächtiges, Aufwendiges, Ausgefallenes?

GAMSBART Das kann ich nicht leugnen. Ich rechnete mit ungewöhnlichen Eindrücken.

ANKLÄGER Und das bewahrheitete sich?

GAMSBART Ja. Allerdings auf eine Art und Weise, die ich nicht erwartet hatte.

ANKLÄGER Angeklagter, meinen Sie, daß es Ihre Glaubwürdigkeit erhöht, wenn Sie vollständig widersprechende Behauptungen aufstellen?

GAMSBART Inwiefern?

ANKLÄGER Insofern, als Sie behaupteten, die Ihnen im Laufe des Abends zuteil gewordenen überraschenden Eindrücke seien derart gewesen, daß Sie sie *nicht* erwartet hätten.

VERTEIDIGER Womit, hohes Gericht, der Angeklagte lediglich sagen wollte …

GAMSBART Genau! Ich wollte sagen, daß die Überraschung eine Wendung nahm, die ich nicht erwartet hatte.

RICHTER Drücken Sie sich bitte klarer aus, Herr Gamsbart.

GAMSBART Gerne, Euer Ehren. Noch auf dem Weg zur Millionärsvilla hatten wir uns die zu erwartenden Köstlichkeiten ausgemalt. Die Tafel, die Tafelaufsätze, die Speisen, die Speisefolge, die Weine nicht zu vergessen – was wohl würde ein italienisches Millionärspaar amerikanischen und deutschen Gästen an Weinen kredenzen?! Seltene Barberas? Uralte Brunellos? Ungeahnte sardische Tropfen?

ANKLÄGER Spannen Sie uns nicht auf die Folter. Was wurde denn ausgeschenkt?

GAMSBART Ein Weißwein. Eine einzige nicht allzu noble Marke, und die den ganzen Abend über.

VERTEIDIGER Es gab also nur Weißwein zum Dinner.

GAMSBART Es gab auch kein Dinner.

ANKLÄGER Wie soll ich das verstehen? Wurde denn nichts zu essen serviert?

GAMSBART Doch doch, nur eben kein Dinner im klassischen Sinne, denn das entpuppte sich als eine Art Stehimbiß. Ein Stehimbiß in einer nicht allzu großen Villa mit sehr gepflegtem kleinem Garten. Doch ich greife vor. Meine Überraschung wurde ausgelöst durch die Art der Musikbeschallung. Die besorgte ein einfaches Kofferradio, das einen lokalen Musiksender übertrug. Mein Erstaunen steigerte sich, als die Gastgeberin der nicht allzu großen Gästezahl als Aperitif Sangria in Plastikbechern anbot. Derweil werkelte eine Küchenhilfe, die offenbar zu spät angefangen hatte, am Essen. Wir waren zu einem späten Zeitpunkt eingeladen worden, waren noch später gekommen und bekamen erst sehr spät etwas zu essen. Allerdings, das sei unterstrichen, gute Kost.

ANKLÄGER Haute Cuisine?

GAMSBART Nein nein, eine ganz normale, gut zubereitete italienische Speisefolge: Makkaroni, Rouladen, Eis, Kaffee. Basta.

ANKLÄGER Und wie hätten Sie sich ein Dinner in einer Millionärsvilla an der Costa Smeralda ausgemalt?

GAMSBART Ich sagte es bereits: Sehr viel üppiger.

ANKLÄGER Sie bereuen es also, diese Erfahrung gemacht zu haben?

GAMSBART Nein, im Gegenteil. Ich wollte sie machen und ich habe dies auch im Vorfeld gesagt, als unsere Truppe sich entscheiden mußte, ob sie die Einladung annehmen sollte oder nicht. Denn der Einladende war

der uns kaum bekannte Herr Bepe, und der hatte natürlich nicht mich gemeint, sondern meinen und somit
seinen Nachbarn Gene sowie dessen Stargast Otto. Wir
Autoren waren lediglich eine Zugabe.

ANKLÄGER Hat Sie das gekränkt?

GAMSBART Nein.

ANKLÄGER Herr Gamsbart, war dies die einzige Party
in einer Millionärsvilla, welcher Sie beigewohnt
haben?

GAMSBART Wenn Sie die Costa Smeralda meinen: Ja.

ANKLÄGER Halten Sie das, was Sie da erlebt haben, für
signifikant oder gar für typisch?

GAMSBART Darüber steht mir kein Urteil zu.

ANKLÄGER Worin liegt dann der Erkenntnisgewinn für
Ihr Schreiben, den Sie vorhin konstatiert haben?

GAMSBART In der Anschauung. Ich hätte nie zu imagi-
nieren gewagt, bei solchen Dinners werde aus Plastikbechern getrunken, wie auf irgendeiner Fête in irgendeiner WG.

ANKLÄGER Sie meinen also herausgefunden zu haben,
daß die Reichen ganz normale Menschen sind?

GAMSBART Das habe ich nicht gesagt.

ANKLÄGER Was soll dann der Vergleich Villa – WG?

GAMSBART Die Plastikbecher regten mich dazu an, aber
eigentlich hatte ich bei ihrem Anblick ganz andere
Gefühle und Gedanken gehabt.

ANKLÄGER Welche?

GAMSBART Wie unkultiviert diese Reichen doch sind.
Als wir unsere Frankfurter Wohnung mit zirka hundert
Gästen einweihten, bestand meine Frau darauf, eine
entsprechende Menge von Gläsern zu kaufen. Und

hier, bei Millionärs, gab es nicht einmal Gläser für rund fünfzehn Personen.

ANKLÄGER Wurde dieser Umstand auch von anderen Gästen bemerkt?

GAMSBART Otto machte einige vorlaute Bemerkungen in englischer Sprache, die darauf hinausliefen, man solle darauf achten, daß den kostbaren Plastikbechern nichts passiere.

ANKLÄGER Reagierten die Gastgeber darauf?

GAMSBART Die Turiner Freundin des Gastgebers schien pikiert. Sie wies Otto darauf hin, daß seine Schuhe und sein Jackett auch nicht die geschmackvollsten seien. Nun hatte er die von Gene ausgeliehen und konnte daher warnend bemerken, alle Kritik treffe letztlich den Nachbarn Gene.

ANKLÄGER Zurück zur Frage, was dieser bei Licht betrachtet doch wohl recht müde Abend Sie gelehrt hat.

GAMSBART Ich sagte es doch bereits. Daß die Reichen unkultiviert sind.

ANKLÄGER Und das wollen Sie vorher nicht gewußt haben? Noch nie etwas von Familie Neureich oder den Raffkes gehört?

GAMSBART Die sind erstens Figuren der Vergangenheit, der Gründerzeit beziehungsweise der Inflationsjahre. Und die haben zweitens, so jedenfalls steht's in den Büchern, ihre Unkultur dadurch unter Beweis gestellt, daß sie immer zuviel des Guten und des Kostbaren taten. Und drittens ist der Plastikbecher und damit die Möglichkeit, anhand seiner Unkultur zu beweisen, jüngeren Datums: Der hätte einem Gesellschaftskritiker der Kaiserzeit noch nicht einfallen können.

ANKLÄGER Ist es denn so schrecklich verdienstvoll, die Reichen der Unkultur zu überführen?

GAMSBART Na ja…

ANKLÄGER Ist Unkultur nicht überdies ein reichlich verstaubter Begriff? Wer hat in dieser pluralistischen Gesellschaft überhaupt noch Kultur im Sinne eines sinnvoll gegliederten, persönlich erworbenen Systems von Werten und daraus folgenden Handlungen?

GAMSBART Tja.

ANKLÄGER Gibt es nicht nur noch Partialkulturen und wäre nicht auch eine denkbar, in welcher selbst der Plastikbecher seinen Platz hätte?

GAMSBART Ja, doch.

ANKLÄGER Ist es demnach vertretbar zu sagen, Sie hätten sich diesen Besuch auch sparen und die Zeit mit sinnvollerer, sprich: geistiger Tätigkeit zubringen können?

GAMSBART Aber dann wüßte ich doch nicht, wie ich eine Party in einer Millionärsvilla an der Costa Smeralda zu beschreiben hätte.

ANKLÄGER Und Sie würden Gastgeber schildern, die ihren Gästen den einzigen Weißwein in Plastikbechern zumuten?

GAMSBART Auf jeden Fall.

ANKLÄGER Würden Sie mir widersprechen, wenn ich vermute, daß auf siebenundneunzig Prozent aller Parties in sardinischen Millionärsvillen aus richtigen Gläsern getrunken wird?

GAMSBART Nein.

ANKLÄGER Sie würden dennoch an Ihrer zugegebener-
maßen raren, wenn auch selbst erlebten Version festhal-
ten?

GAMSBART Auf jeden Fall!

ANKLÄGER Warum?

GAMSBART Weil sie mir die Möglichkeit gibt, etwas zur
Wahrheitsfindung beizutragen.

ANKLÄGER Über die Reichen?

GAMSBART Über den Menschen. Wie leicht er zu beein-
drucken ist durch ein Wort wie Millionärsvilla. Mit
welcher Scheu er sich dorthin begibt, wie erleichtert,
wie irritiert, auch ein wenig enttäuscht er wahrnimmt,
wie schnöde es da zugeht. Wie gestärkt er den Schauplatz verläßt.

ANKLÄGER Arm, aber aus Innen glänzend?

GAMSBART Jedenfalls um eine Erfahrung reicher. Und,
ich sagte es bereits, doch wiederhole ich mich gern: Es
gibt für den Schriftsteller kein wertvolleres Kapital als
Erfahrungen. Außer seiner Imagination selbstredend.

ANKLÄGER Sie würden also den kläglichen Abend unter
mediokren Gestalten nicht als Zeitverschwendung
bezeichnen?

GAMSBART Ebensowenig wie ein Marcel Proust, nur
daß der ungezählte Stunden bei den Pariser Reichen
und Aristokraten verbracht hat, bevor er sich auf »Die
Suche nach der verlorenen Zeit« begab.

ANKLÄGER Wo ist Ihre Recherche, wenn man fragen
darf? Herr Norbert Proust?!

VERTEIDIGER Einspruch, Euer Ehren! Die Anklage
unterstellt dem Autor eine Selbsteinschätzung, zu der
dieser in keiner Weise Anlaß gegeben hat.

RICHTER Einspruch abgelehnt. Herr Gamsbart, hat denn Ihre so plastisch geschilderte Erfahrung einer Party in einer Millionärsvilla irgendwann oder irgendwo in einem Roman oder in einer Novelle ihren Niederschlag gefunden?

GAMSBART Nicht in einem Roman, Euer Ehren, wohl aber in einem Text, den ich sogleich nach dem Erlebnis zu Papier gebracht habe.

VERTEIDIGER Würden Sie die Freundlichkeit haben, diesen ominösen Text als Beweisstück dem Gericht vorzulegen?

GAMSBART Das ist nicht nötig, da wir uns bereits eine geschlagene Stunde wortwörtlich an diesen Text halten. Bei dem nämlich handelt es sich um nichts anderes als das vollständige Protokoll der Sitzung, die wir gerade absolvieren.

ANKLÄGER Wollen Sie damit behaupten, daß wir alle, mich eingeschlossen, seit einer Stunde nichts Gescheiteres zu tun haben, als einen vor Urzeiten von Ihnen verfaßten Text zu … zu …

GAMSBART Erraten! Und auch Ihr Stottern ist Teil des Textes. Ihr Satz schließt übrigens mit dem Wort –

ANKLÄGER – absolvieren.

GAMSBART Korrekt.

ANKLÄGER Dann weigere ich mich, noch ein weiteres Wort zu verlieren.

GAMSBART So lautet Ihr Schlußsatz, richtig.

RICHTER Herr Gamsbart, Sie haben das Gericht in eine prekäre Situation gebracht. Solange wir uns an Ihren Text halten müssen, ist eine Wahrheitsfindung, die ihren Namen verdient, nicht möglich. Oder?

DIE SCHÖFFEN Nicht möglich.

RICHTER Ein solch antizipiertes Protokoll stellt überdies eine schwere Beeinträchtigung der Unabhängigkeit der Justiz dar. Wer gab Ihnen das Recht, seinerzeit diesem Verhandlungstag vorwegzugreifen?

GAMSBART Ich habe geschrieben: diesen Verhandlungstag vorwegzunehmen, aber gleichviel … Ob ich das Recht dazu hatte, weiß ich nicht, doch die Kraft dazu besaß ich.

VERTEIDIGER Von welcher Kraft reden Sie, Herr Gamsbart? Gar von übersinnlicher?

GAMSBART Nein nein. Von dem bereits erwähnten zweiten Kapital des Künstlers, von seiner Einbildungskraft.

RICHTER Heißt das, daß Sie sich etwas auf Ihr imaginiertes und von uns in Szene gesetztes Protokoll einbilden?

GAMSBART Aber kräftig. Das allein hat die Teilnahme an der Party in der Millionärsvilla doch mehr als gerechtfertigt.

RICHTER Abschließende Bewertungen überlassen Sie bitte dem Gericht.

GAMSBART Mein Reden. Gern.

RICHTER Können wir sichergehen, morgen ohne präfabriziertes Protokoll weiter verhandeln zu können?

GAMSBART Seien Sie unbesorgt. Ich hatte zu Lebzeiten noch anderes zu schreiben als vorweggenommene Gerichtsprotokolle.

RICHTER *seufzend* Das wissen wir bereits, Herr Gamsbart. *(Dreimal mit dem Hammer klopfend)* Ich schließe die Verhandlung und vertage sie auf morgen.

Das Leonardo-Prinzip

Denken wir uns ein junges Paar auf Bildungsreise durch die Toskana, nennen wir sie Marion und Michael. Gerade haben die beiden Leonardo da Vincis ihrer Einschätzung nach »doch überraschend bescheidenes« Geburts- und Elternhaus im ihrer Meinung nach »rein äußerlich doch nicht allzu viel hermachenden« Dörfchen Vinci besichtigt, nun, beim Verlassen der Bildungsstätte, versuchen sie, ihre Eindrücke in Worte zu fassen:

MARION Das war doch sehr lehrreich! Ich meine, was die offenbar gar nicht mal so betuchten Eltern ihrem kleinen Leonardo schon in frühester Jugend alles an Anregungen zur Verfügung gestellt haben. Und das im tiefsten Mittelalter!

MICHAEL Na, na, na – war da nicht schon die Renaissance am Wirken?

MARION Ich denke, die hat Leonardo erst erfunden?

MICHAEL Wo du recht hast, hast du recht, Spatzi. Und wer nicht recht hat, ist unser Reiseführer. Hör mal: »Leonardo wurde als unehelicher Sohn des begüterten Notars Ser Piero und eines Landmädchens Catarina im toskanischen Bergort Vinci geboren.« So weit, so gut, aber nun: »Im väterlichen Hause aufwachsend und wie ein legitimer Sproß gehalten, erfuhr er die übliche Elementarerziehung der Zeit:

Lesen, Schreiben, Rechnen, wohl auch ein wenig
Latein...«

MARION Da haben wir aber eben im Leonardo-Haus
ganz andere Lernangebote gesehen, Mikki!

MICHAEL Ich frag mich auch, ob der Schreiber dieser
Zeilen jemals durch die Räume gegangen ist, in
denen der kleine Leonardo aufgewachsen ist. Von
wegen »Elementarerziehung«! Die Zimmer quellen
doch geradezu über von den unterschiedlichsten
Unterrichtsmaterialien. Für mich ist das, was wir
eben gesehen haben, der Beweis für die These, daß
man nicht als Genie geboren, sondern zum Genie
erzogen wird.

MARION Man muß natürlich auch eine echt genialische
Veranlagung mitbringen, damit diese ganzen Anregungen auf fruchtbaren Boden fallen können, meinst du
nicht?

MICHAEL Wichtiger scheint mir, daß diese Lernanreize
erst einmal zur Verfügung stehen. Und das haben Leonardos Eltern doch in geradezu einzigartiger Weise
geleistet: Wie sie da ganze drei Räume des doch gar
nicht so großen Hauskomplexes leergeräumt und
ausschließlich mit anregenden Bildungsmaterialien
gefüllt haben, das konnte seinen Eindruck auf den
kleinen Leonardo doch gar nicht verfehlen!

MARION Die schönen Zeichnungen und Bilder überall
an den Wänden! Zwar nur Drucke, aber echt gute
Reproduktionen...

MICHAEL Die vielen Landkarten in den Schaukästen...

MARION Und diese ganzen Bücher über Technik in den
Regalen...

MICHAEL Dazu diese mehrsprachigen Schrifttafeln in allen Räumen ...

MARION Und in all diesen Fächern hat der Leonardo später dann ja auch geglänzt!

MICHAEL Eben! Er hat gemalt und gezeichnet, er hat Geographie studiert und Maschinen erfunden. Und er hat Englisch gesprochen.

MARION Englisch? Der Leonardo?

MICHAEL Er ist doch in England gestorben.

MARION Ich denke in Frankreich?

MICHAEL In Frankreich zu sterben, bedeutet doch nicht, daß einer kein Englisch kann, Spatzi! Denk nur an Lady Di!

MARION Stimmt, Mikki! Was mich aber eben etwas im Leonardo-Haus gewundert hat, war, daß der Kleine überhaupt kein Spielzeug gehabt hat. Nur diese ganzen Bilder und Bücher. Das fand ich nicht korrekt. Ein Kind ist doch keine Lernmaschine!

MICHAEL Vielleicht gab's da früher auch Spielzeug, und das ist dann weggeschenkt oder verkauft worden, als der heranwachsende Leonardo Geld und mehr Platz zum Erfinden brauchte.

MARION Schon möglich, Mikki. Aber wenn der kleine Leonardo Spielzeug gehabt hat – wo hat er dann damit spielen können? Erstens habe ich Teppiche auf dem Fliesenfußboden vermißt und außerdem war ja alles in den Räumen vollgestellt, besonders im mittleren Zimmer. Die Lernmaterialien und die Regale an den Wänden gehen ja in Ordnung, aber auf die vielen Stellwände im Raum selber hätten Leonardos Eltern gut und gerne verzichten können, finde ich.

MICHAEL Mir kam das auch etwas übertrieben vor, Spatzi. Aber gut fand ich dann wieder, daß die stolzen Eltern einige der Erfindungen ihres Sprößlings in die Zimmer gestellt haben, praktisch als Demonstration des Lernerfolgs. Da werden die Nachbarn sicher nicht schlecht gestaunt haben, und der kleine Erfinder hat sich ungeheuer gebauchpinselt gefühlt, glaube ich.

MARION Welche Erfindungen denn, Mikki?

MICHAEL Na, das Telefon im dritten Raum oder die Tischlampe im zweiten.

MARION Die fand ich aber nicht so berühmt. Die war doch ein ganz einfaches Modell. Die hatte ja noch nicht mal einen Schuko-Stecker!

MICHAEL Einfaches Modell – das sagt sich heute so leicht. Aber damals zu Leonardos Zeiten, als die Elektrizität noch in den Kinderschuhen steckte, da wurde so eine Tischlampe als das siebzehnte Weltwunder angestaunt.

MARION Ich dachte immer, es gibt nur sieben Weltwunder, Mikki!

MICHAEL Das vor Leonardo, Spatzi, vor ihm! Er hat dann die restlichen zehn erfunden.

MARION Als da wären?

MICHAEL Also, erst mal die Tischlampe, hatten wir schon, dann das Telefon, siehe dritter Raum, den Reißverschluß, die Compact-Disc, die Teflon-Pfanne, den Taschenrechner, das Segelflugzeug, den Fallschirm, das Fahrrad, den Klett-Verschluß – das macht nach Adam Riese zehn. Plus sieben wären wir demnach bei siebzehn. Claro?

MARION Moment! Jetzt hast du mich aber angeflunkert!

Der Klett-Verschluß ist nicht von Leonardo. Der kam erst später. Das habe ja ich noch mitgekriegt, wie der aufgekommen ist, Mikki!

MICHAEL Ertappt! Dein Mikki wollte mal überprüfen, ob du auch mitdenkst. Ein Punkt für dich! Leonardos zehnte Erfindung die hatten wir nämlich schon. Das war natürlich die Renaissance. Hat mein helles Spatzi doch vorhin selber ins Spiel gebracht! Weißt du was? Nicht nur der Leonardo steckte voller Ideen. Ich hab da auch so eine ...

MARION Wie geht die denn, Mikki?

MICHAEL Wenn wir mal was Kleines in die Welt setzen, dann ziehen wir ihn ebenfalls nach dem Leonardo-Prinzip auf. Vielleicht wird er dann ja auch so ein Genie!

MARION Er? Und wenn es eine Sie wird?

MICHAEL Dann taufen wir sie Leonarda und stellen ihr genau die gleichen Lernangebote zur Verfügung, die wir unserem Leonardo zugedacht hätten. Das versteht sich doch wohl von selbst!

MARION Bist ein Schatz, Mikki! Eine megageile Idee!

MICHAEL Hab noch eine kleine in petto: Was hältst du davon, wenn wir uns auf Leonardos Wohl in Vinci einen Prosecco genehmigen?

MARION Der Vorschlag ist nicht zu toppen, Mikki! Küßchen!

Und Hand in Hand ziehen die beiden ab.

Walther im Alter

Denken wir uns Walther von der Vogelweide. Gerade hat der große Dichter des 13. Jahrhunderts sein ergreifendes Altersklagelied »Owê war sint verswunden alliu mîniu jâr« beendet, da, als er es nochmals mit lauter Stimme skandiert, ermöglicht es eine der raren Auffaltungen im Raum-Zeit-Kontinuum, daß ein Seniorenberater aus dem 21. Jahrhundert in Walthers Dichterklause aufscheint, worauf sich das folgende Gespräch entwickelt ...

Herr Walther! Ich habe Ihren Ausführungen, Ihr Alter betreffend, mit Interesse zugehört, ohne sie freilich zur Gänze würdigen zu können. Trotzdem glaube ich bereits jetzt sagen zu können, daß wir mal darüber reden sollten. Würde es Ihnen etwas ausmachen, Ihre Gefühle gegenüber dem Älterwerden in groben Zügen und möglichst verständlichen Worten darzulegen?

Oweh, wohin sind entschwunden alle meine Jahre? Habe ich mein Leben geträumt oder ist es wirklich wahr? Was ich immer für wirklich gehalten habe, ist es das?

Damit, Herr Walther, sprechen Sie eine Empfindung an, die von vielen Senioren geteilt wird, die des Realitätsverlusts. Als ob nur das Eingebundensein in den Arbeitsprozeß Teilhabe am »wirklichen« Leben garantierte. Aber ich will Sie nicht abblocken. Wie empfinden Sie Ihre jetzige Lage?

Nun bin ich erwacht, und es ist mir fremd, was mir zuvor

*vertraut war wie meine eigene Hand. Leute und Land, in dem
ich von Kind aufgewachsen bin, die sind mir fremd geworden,
als ob es bloß erlogen wär.*

Das mag Ihnen so vorkommen, keine Frage. Aber, Herr
Walther: Was Sie da als subjektive Wahrnehmung schildern,
ist etwas, das nicht nur Sie betrifft. Die meisten älteren Menschen empfinden dieses Gefühl der Fremdheit gegenüber
einer sich ständig wandelnden Welt. Haben Sie schon einmal
daran gedacht, einer Seniorengruppe beizutreten, um solche
personenübergreifenden Erfahrungen auszutauschen?

*Die meine Spielgefährten waren, sie sind träge und alt. Felder
sind entstanden, abgehauen der Wald.*

Ohne Ihre Sicht der Dinge in Frage stellen zu wollen, Herr
Walther, möchte ich doch zu bedenken geben, daß Sie Ihren
Blick auf Ihren Alterungsprozeß und den Ihrer Altersgenossen einmal kritisch hinterfragen sollten. Ich habe das Gefühl,
daß Sie sich gegen jede Veränderung sperren und sich
dadurch einen positiven Zugang zu Ihrer jetzigen Situation
von vornherein blockieren. Was ist denn groß dagegen zu
sagen, daß heute da Felder sind, wo in Ihrer Jugendzeit Wald
wucherte? Natürlich schmerzt es, wenn ein Naherholungs-
gebiet einer Nutzfläche weichen muß – aber der Mensch lebt
nun mal nicht vom Wald allein. Und wenn Sie Ihre Altersgenossen durch die Bank als »träge« abqualifizieren – ist
Ihnen eigentlich nie der Gedanke gekommen, daß die Sie
ebenso negativ sehen könnten? Und daß sie alle – alle Senioren, meine ich – die Sehweise derer übernehmen, die den
Wert eines Menschen nur nach seinem volkswirtschaftlichen
Nutzen beurteilen, wo doch ein Begriff wie »nützlich« ganz
anders definiert werden kann, ja muß. Sie zum Beispiel, Herr
Walther, Sie dichten doch so schön, da könnten Sie sich auf

Altenabenden, sorry: Seniorentreffs, dadurch nützlich machen, daß Sie zu den Problemen Ihrer Gruppe immer etwas Gereimtes beisteuern, möglichst in heiterer Form, das kommt immer gut. Nicht Ihr Fall? Hm … Oder haben Sie eigentlich schon mal daran gedacht, sich um jüngere Menschen zu kümmern?

Oweh, wie trostlos sich die jungen Leute geben, die einst höfisch waren und so stolz! Sie kennen nichts als Sorgen, ach, warum benehmen sie sich so? Wohin ich in der Welt mich wende, da ist niemand froh.

Das ist – erlauben Sie mir den Einwand, Herr Walther, – ein reichlich allgemein gehaltener Vorwurf der Jugend gegenüber. Können Sie den präzisieren?

Tanzen und Singen gehen in Sorgen unter. Niemals sah ein Christ solche jammervollen Jahre.

Herr Walther – lassen Sie mich mal etwas ganz Ketzerisches sagen: Könnte es sich nicht ganz einfach so verhalten, daß Ihr altersgetrübter Blick auf die Welt Sie dazu verführt, Ihre persönliche Lage mit der Situation der Welt an sich zu verwechseln? Nur weil Sie nicht mehr tanzen und singen, bedeutet das noch lange nicht, daß die jungen Leute dazu nicht in der Lage sind. Was werfen Sie denen denn konkret vor?

Nun schaut her, wie den Damen der Kopfputz steht! Die stolzen Ritter tragen bäurisches Gewand.

Aber Herr Walther! Daß die Mode sich ändert, ist doch kein Grund zum Trübsalblasen! Denken Sie doch mal an Ihre Jugend zurück – da haben Sie sich doch auch von der Elterngeneration unterscheiden wollen, indem Sie den Helm verkehrt rum aufsetzten oder mit Rundschuhen herumstiefelten, weil die Schnabelschuhe der Erwachsenen plötzlich mega-out waren. Versuchen Sie doch mal, von Schuldzuweisungen abzusehen, Herr Walther! Bemühen Sie sich statt dessen »Ich« zu sagen! Wie erleben Sie ganz persönlich Ihre gegenwärtige Situation?

Das bekümmert mich tief, wir lebten immer so froh, daß ich nun für mein Lachen das Weinen eintauschen soll.

Ein schlechter Tausch, Herr Walther, ganz Ihrer Meinung. Weshalb ich Ihnen den genau entgegengesetzten Tausch vorschlagen möchte: Weinen gegen Lachen. Nein, schütteln Sie nicht Ihren Kopf! Ich kann Ihnen ein ganz konkretes Angebot unterbreiten. Sie haben doch sicher Enkelkinder. Und diese Enkelkinder werden von ihren Eltern vielfach im Stich gelassen: Der Vater ist dauernd auf Kreuzzügen unterwegs, die Mutter hat alle Hände voll zu tun, den Burgbetrieb am Laufen zu halten –: Hier beginnt der Bildungsauftrag der Senioren, hier können auch Sie wieder Lebensfreude auftanken, Herr Walther! Ihre Enkelkinder sind nämlich nicht irgendwelche Schreihälse, sie sind die besten Lerner der Welt, sie zeigen Ihnen die Welt neu, die fünf Sinne, die vier Elemente, die Dinge. Sie als Vertreter der Goßelterngeneration laufen mit ihnen barfuß, Sie experimentieren wieder mit Feuer, Wasser und Wind, machen mit ihnen Versuche in Schrift und Zeichen und zugleich die Erfahrung, daß ältere Menschen und Kinder einander ideale Bildungsbegleiter sein können. Was bei den Kindern spontane Welteroberung, ist für die Älteren ein neues Aufsuchen von Fragen und Interessen. Und Fragen, die haben Sie doch wohl noch. Nicht wahr, Herr Walther?

Die Vögel in der Wildnis betrübt unsere Klage. Ist es da ein Wunder, wenn ich darüber verzage?

Aber Herr Walther! Das sind nun wirklich nicht die Fragen, mit denen Sie Ihre Enkelkinder behelligen sollten! Der Heranwachsende braucht nicht nur den interessierten Blick des Älteren, er braucht auch eine Sicht der Welt, die es ihm als erstrebenswert erscheinen läßt, in diese Welt hineinzuwachsen. Welches Weltbild hätten Sie denn Ihren Enkeln anzubieten?

Oweh, wie wir mit süßen Dingen vergiftet sind! Ich sehe die bittre Galle mitten im Honig schwimmen: Die Welt ist außen schön, weiß, grün und rot, und innen von schwarzer Farbe, finster wie der Tod.

Herr Walther, wissen Sie was? So alt Sie auch sein mögen, Sie haben noch viel zu lernen. Und Sie könnten es auch, wenn Sie Ihre Bildungsressource Gedächtnis nicht ausschließlich dazu nutzten, Negativbeispiele herauszukramen. Damit macht man sich nämlich keine Freunde. Schon gar nicht bei den Enkelkindern – ich nenne sie gern: Weltanfänger –, deren Blick ist nämlich im Gegensatz zu dem Ihren theorielos interessiert und nicht ressentimentgelenkt. Aber wahrscheinlich sollten Sie in Ihrem Zustand lieber die Finger von Kindern lassen. Möglicherweise ist in Ihrem Fall eine ganz andere Therapie angesagt: Haben Sie sich schon mal überlegt, ob es Ihnen so gut tut, dauernd am Schreibtisch zu kleben? Wie wär's mit etwas Bewegung, etwas Luftveränderung? Wann haben Sie eigentlich das letzte Mal auf einem Pferd gesessen?

Daran denkt, ihr Ritter, das geht euch an!

Was solln denn diese Ritter auf einmal?

Ihr tragt die blitzenden Helme und viele harte Panzer…

Ja und? Sich zu panzern ist grundfalsch, Herr Walther! Sie sollen sich doch öffnen!

… dazu die festen Schilde und die geweihten Schwerter.

Aber Gewalt kann doch keine Lösung sein, bester Herr!

»Geweihte Schwerter« – wenn ich das schon höre!

Wollte Gott, ich wäre der Siege wert!

Sagen Sie mal – spinnen Sie jetzt total, Herr Walther? Wollen Sie etwa auf Ihre alten Tage noch einmal an einem dieser als »Kreuzzug« titulierten Massaker an Andersdenkenden teilnehmen? Ich höre!

Könnte ich die glücksbringende Fahrt über das Meer unternehmen…

Ja? Was wäre dann, Herr Zausel?

So würde ich dann freudig singen und niemals mehr: oweh!

Schon will sein Gesprächspartner ihm aufbrausend in die Parade fahren, schon will er ihm die Worte an den Kopf werfen, in seiner ganzen Berufslaufbahn sei ihm kein derart krasser Fall von Altersstarrsinn untergekommen – da streicht eine Hand, welche höher ist denn alle Vernunft, sanft über die unvorhergesehene Raum-Zeit-Auffaltung, und so überraschend sie einander begegnet sind, so unvermittelt verlieren sie einander wieder aus den Augen, der Dichter Walther von der Vogelweide und der Seniorenbetreuer, dessen Name noch rasch nachgeholt sei: Florian Freyer.

Paul und Paula

Denken wir uns ein Pärchen. Ein junges Paar, ein verliebtes Paar, ein frisch getrautes Paar, das die erste eigene Wohnung bezogen hat und nun dabei ist, die Wonnen der Gemeinsamkeit zu genießen, das Glück des innigen, jeden Abend erneut gefeierten Wiedersehens sowie das des anschließenden Miteinanders. Nennen wir die beiden Paul und Paula, und hören wir ihnen dabei zu, wie sie ihr Zuzweitsein auch dadurch zum Ausdruck bringen, daß sie unmerklich eine Privatsprache entwickeln, die freilich nicht anders als kindlich genannt zu werden verdient, da sie sich auf durchgängige Verkleinerungsformen der Hauptwörter und leichte Verballhornungen der Tätigkeitswörter beschränkt:

»Komme gleich nachhause, muß nur noch das Auti parkeln«, signalisiert Paul und erfährt von Paula: »Steh schon in der Küchi, bin am Steakli brateln.«

Eine schlichte Privatsprache, das sei nochmals eingeräumt, und doch ein bedenkenswerter Vorgang, da Paul und Paula natürlich nicht das einzige sprachschöpferische Paar sind. Im Gegenteil! Myriadenfach entwickeln die sich immer wieder neu findenden zwei Menschen ihre immer neuen Privatterminologien, ein Vorgang, der eigentlich Sprachforscher auf den Plan rufen müßte, gliche nicht die Aufgabe, all diese Sprachvarianten aufzulisten, dem Versuch, Wasser mittels Sieb festzuhalten: Im Gegensatz zur historischen Studentensprache, zur Gaunersprache oder zur aktuellen Jugendsprache sind die Quellen der

Paarsprache einfach zu versteckt und vielfältig, um einen Gegenstand ernsthafter Forschung darstellen zu können.

Ist wohl auch besser so. Um so unbefangener können die Pauls und Paulas dieser Welt daherreden:

»Oh, meine Lieblingsspeisi!«

»Laß sie dir schmekeln!«

Und nachdem der Dursti mit einem Glasi Weini gelöschelt worden ist, bricht auch schon die Schlafenszeit an: »Ich laß kurz Wassi in die Wanni, Schatz! Will mich noch duscheln!«

Worauf er schon ins Betti steigelt, nicht ohne Unruhe, die freilich rasch gestillt wird: »Ah, da bist du ja endlich! Jetzt das Lichti löscheln und dann ...«

»Kanns gar nicht erwarteln, Schatzi ...«

Gute Nacht, ihr beiden, stärkt euch für den Tag, der sich, das sei bereits jetzt verraten, als unguter Tag entpuppen wird, jedenfalls für Paul. Der nämlich ist Verkäufer in der Phono-Abteilung eines großen Kaufhauses, und er hat diese Aufgabe auch stets zur Zufriedenheit des Abteilungsleiters gemeistert. Das freilich wird sich rasch ändern.

Denn als Paul zur Arbeit antritt, ist er noch derart von der innigen Gemeinsamkeit des gestrigen Abends und der anschließenden Nacht eingehüllt, daß er es vollkommen versäumt, jenes sprachliche Alltagsgewand überzustreifen, das allein dem unpersönlichen Vorgang eines Beratungs- und Verkaufsgesprächs angemessen ist. Statt dessen kommen dem Abteilungsleiter fortwährend Satzfetzen und Sätze zu Ohren, die ihn zunehmend an Pauls Realitätssinn zweifeln lassen:

»Der Apparati? Der kostet nicht die Welti!«

»Der da? Ein schönes Stücki. Da kann man schon etwas mehr löhneln!«

»Ja, unsere Preisis sind nicht zu toppeln!«

»Da haben Sie aber eine gute Wahli getroffeln!«

»Soll ich den Lautsprechi dazupackeln?«

»Kann ich jetzt den Kaufvertragi aufsetzeln?«

So geht das den Vormittag, bis es den Abteilungsleiter während der Mittagspause nicht länger hält und er sich Paul zur Brust nimmt:

Wenn er nicht sofort von seinen sprachlichen Unarten ablasse, – nein er wolle jetzt keine Begründung, er wolle deren Unterlassung –, wenn er nicht sofort auf all die -is und all die -lns verzichte, dann müsse er mit schwerwiegenden Folgen rechnen!

»Folgis rechneln«, geht es Paul durch den Kopf, doch dann reißt er sich zusammen und versucht nach der Mittagspause in seinen Kundengesprächen alles, aber auch wirklich alles richtig zu machen: Keine -is und schon gar eine -lns:

»Tut mir leid. So kann Ihre Hf-Anlage unmöglich funktionieren. Von den Kab ist kein einziges richtig verstöpst!«

»Nein, das ist keine Störung. Was da im Fernseher rauscht, das sind die Gewänder von Rom Schneider. Die wiederho doch gerade die Siss-Filme!«

»Ja – ohne Batter kann auch ein Son-Gerät keinen von den Spitzenti vermit.«

War der Abteilungsleiter von selbst auf Pauls abermals befremdliche Redeweise aufmerksam geworden? Hatte ihm ein aufgestörter Kunde davon berichtet?

Wie immer. Als er mit eigenen Ohren anhören mußte, wie Paul einem Verkaufsgespräch mit dem folgenden Satz eine positive Wendung zu geben versuchte –:

»Ich bewundere Ihre Energ, doch der Preis steht, und wenn Sie noch so betten. Ich könnte höchstens noch eine Part Disketten draufsatten!«

– als das nicht nur mitanhören, sondern zugleich mitansehen mußte, wie der Kunde Paul verständnislos anstarrte, da tat er, was zu tun war: Er trat zwischen die beiden, bat den Kunden um etwas Geduld und bedeutete Paul, er könne seine Papiere abholen: Sprachgestörte Verkäufer müsse er leider ohne lange zu fackeln in die Prärie schicken.

»Ohne lang zu facken in die Prär«, ging es Paul noch durch den Kopf, da traf ihn die ganze Wucht des Entlassungsbescheids: »Verstehe. Ich gehe!« Und wortlos machte er sich auf den Heimweg.

Erstaunt empfing ihn Paula: »Warum kommstelst du denn so früh nachhausi, Schatzi?«

Da gewann Paul seine Sprache wieder: »Ach Paula! Mein Chefi hat mich gerade an die frischi Lufti gesetzelt. Ich mußte meinen Arbeitsplatzi räumeln!«

»Paul, du Armi! Was sagt man denn dazu?« Paula schwieg für einen Moment, dann brach es aus ihr heraus: »Aui, aui, aui!«

»So seh ich das aui«, stimmte ihr Paul bedrückt zu, doch schon spürte er, wie das zwiefach gewebte Sprachgewand erneut für wärmende Gemeinsamkeit sorgte, derart verbindend, daß er trotz des frühen Nachmittags geradewegs in Feierlaune kam: »Auf den Schrecki würde ich jetzt gerne etwas trinkeln!«

»Im Kühlschranki hats Weini! Ich hol schon mal die Gläsis!«

Ach, aber ach! Süßer Vogel Jugend!

Der Zudrücker

»Und dann habe ich zugedrückt!«
Aus einer 60er-Jahre-Folge der Serie »Der Kommissar«

Denken wir uns einen Kommissar, der einen soeben gefaßten Täter ins Kreuzverhör nimmt, einen ungeschlachten Mann mit muskulösen Armen und kräftigen Händen. Gerade stellt der Beamte die alles entscheidende Frage:

– Wieso haben Sie das Mädchen eigentlich getötet?
– Es wollte plötzlich nicht mehr. Da bin ich ausgerastet. Und dann, dann habe ich zugedrückt.
– Und daher rührt Ihr blutverschmiertes Hemd?
– Nein, das ist Ketchup. Auf dem Heimweg vom Mord wollte ich noch eine Currywurst essen, aber der Ketchup wollte nicht aus der Plastikflasche. Da bin ich ausgerastet. Und dann habe ich zugedrückt.
– Eine letzte Frage: Können Sie uns eine Erklärung dafür liefern, warum wir Sie vor Ihrer Wohnungstür und nicht in Ihrer Wohnung angetroffen haben? Wollten Sie noch einen zweiten Mord begehen?
– Nein, nein, das war so: Als ich zu meiner Wohnung gelangte, da stand die Tür offen, obwohl ich meiner Familie doch eingeschärft hatte, die müsse immer geschlossen bleiben. Da bin ich ausgerastet. Und dann habe ich zugedrückt.
– Die Tür.

– Wen denn sonst?

– Von außen.

– Na ja – ich hatte in meiner Wut ganz vergessen reinzuge-
hen. Und einen Schlüssel hatte ich auch nicht. Sonst hätten
Sie mich nie und nimmer vor meiner Wohnungstür
geschnappt, das kann ich Ihnen flüstern!

– Haben wir aber. Einen Fehler macht auch der raffinierteste
Verbrecher. Abführen!

Kunst, Kunst, Kunst

Denken wir uns das Leben. Angeblich schreibt es die besten Geschichten, doch was wüßten wir von ihnen, wenn sich nicht Sprachrohre ihrer annähmen, Vermittler, denen zweierlei abverlangt wird: Daß sie erstens imstande sind, die Geschichtenrosinen aus dem Lebenskuchen herauszupicken, und daß sie zweitens die Fähigkeit besitzen, den Fund unverfälscht zwar, doch geformt den Mitlebenden als Erzählung zu präsentieren.

Wie das Leben so spielt, hat sich wieder ein Monat gerundet, ist schon wieder Dienstag, erneut sitzen Anders, Bernstorff und Claudius beisammen, um besagter Geschichtenerzählerin etwas auf den Zahn zu fühlen. »Ernst ist das Leben, heiter ist die Kunst«, so beginnt Claudius, dem es diesmal obliegt, den Gastgeber zu spielen. »Weiß einer der Anwesenden, von wem diese Maxime stammt?« Vermutungen werden laut, immer gewagtere, bis sogar »Max Ernst« und »Konrad Witz« in Erwägung gezogen werden – mit einem »Schiller natürlich« beendet der Fragende den mäandernden Strom der Antworten. »Unter ein ernstes Gebot haben wir auch das Thema gestellt, das heute zur Sprache kommen soll«, fährt er fort, »nicht nur ausschließlich wahre Geschichten wollen wir zu Gehör bringen, sondern auch beglaubigte, nicht nur vom Leben erzählte, sondern von namentlich zu benennenden Zeugen weiter getragene.« Zu allem Überfluß hatten wir uns überdies auf eine weitere Klammer geeinigt:

101

Die heitere Kunst, das wuselnde Künstlervölkchen, genauer gesagt, sollte Thema der Erzählungen des ernsten Lebens sein – wer möchte beginnen?

Mit einem Löffelchen brachte Bernstorff sein Weinglas zum Klingen, worauf sich die Gesichter der Freunde ihm zuwandten und er, die Hand aufs Glas legend, begann: »Meine Geschichte handelt vom Ehrgeiz und der Zwietracht der Komponisten. Zu historischer Zeit gipfelte sie in Gerüchten, Maestro Salieri habe eigenhändig den genialen Konkurrenten Mozart aus dem Wege geräumt. In unseren Tagen geht es vergleichsweise gesitteter zu, ohne daß sich an dem grundlegenden Elend etwas geändert hätte: Immer einer berühmter als du.

So auch im Berliner Wissenschaftskolleg der achtziger Jahre, das während eines Jahres gleich zwei Komponisten als Gäste beherbergte, den hochberühmten Luigi Nono und den weit weniger bekannten Lombardi – so unbekannt, daß ich nicht einmal seinen Vornamen zu nennen weiß. Na gut, das ist mein Problem. Das Problem des Wissenschaftskollegs aber war gravierender, und davon erzählt hat mir jemand, der es wissen muß, Wolf Lepenies, zu dieser Zeit Direktor der Einrichtung und Gastgeber auch der beiden Fellow-Komponisten. Die sollten nach Kollegbrauch sich und ihre Arbeit den anderen Fellows und geladenen Gästen vorstellen, und dabei habe die Kollegleitung laut Lepenies den schwerwiegenden Fehler begangen, die beiden Komponisten an einem Abend präsentieren zu wollen. Jeder der beiden habe also Kompositionen aus je eigener Feder ausgesucht, im Sekretariat seien die Vorschläge gesammelt worden, worauf man den beiden Komponisten einen Programmvorschlag unterbreitet habe. Lombardi sei als erster vorstellig geworden: Er habe die

Dauer der jeweils zur Ausführung bestimmten Kompositionen nachgemessen und dabei feststellen müssen, daß Nonos Beitrag eine Minute und sechsunddreißig Sekunden länger währe als sein Kompositionsanteil. Doch das lasse sich ausgleichen. Da gäbe es noch eine kurze Arie von ihm – hier. Bitte sehr. Kurz darauf habe sich Nono beschwert: Hinter seinem Rücken sei das Programm geändert worden. Nunmehr falle der Lombardi-Anteil um eine Minute dreiundzwanzig Sekunden zu lang aus. Daher habe er ein Scherzo mitgebracht, welches den Gleichstand wiederherstelle – bitte sehr! Das jedoch sei von Lombardi ganz anders gesehen worden, der habe erneut einen Vorteil Nonos ausgemacht und mit einer weiteren Komposition auszugleichen versucht, sehr zum Verdruß von Nono, der nach erneuter Messung zur Auffassung gelangt sei, Lombardi habe ihn um eine Minute fünfundvierzig Sekunden abgehängt, was nur dank seines mitgebrachten Liedes ausgeglichen werden könne, na, und so fort, bis das Programm auf stattliche fünf Stunden angeschwollen sei und die Leitung des Wissenschaftskollegs sich gezwungen gesehen habe, eigenhändig zwischen die Streitamseln zu treten, um sowohl schlichtend als auch – und das vor allem! – kürzend tätig zu werden.«

Bernstorff schwieg und seine Zuhörer taten es ihm so lange gleich, bis Claudius die Mitleidsfrage zu stellen wagte: »Ist das schon alles?« Der Angesprochene bejahte und stellte die Gegenfrage, ob die anderen etwa eine Pointe erwartet hätten? Da müsse er passen. Pointen gehörten nicht gerade zu den Stärken des Lebens, er habe daher dieses Defizit ein wenig zumindest dadurch auszugleichen versucht, daß er seine Nacherzählung mit dem Wortspiel Streitamseln gekrönt habe, mit einem Neologismus, abgeleitet von Streithanseln, mit welchem er – . Doch in die Weiterführung dieser etymologischen Abschweifung schaltete sich Claudius – diesmal ganz mitleidslos – mit den Worten ein, der Mensch müsse nicht alles erklären wollen: »Das Erforschliche erforschen und das Unerforschliche ruhig verehren, übrigens von Goethe – und wieso man Streitamseln als Wortspiel bezeichnen könne, das wird mir immer unerforschlich bleiben, wechseln wir also lieber das Thema und die Kunst. Mit welcher, lieber Anders, wirst du uns überraschen?«

»Meine Geschichte«, so antwortete der Angesprochene, »handelt vom Mut, wenn nicht Übermut der Schriftsteller. Gehört habe ich sie aus dem Munde von Manfred Bofinger, dem Berliner Zeichner und Illustrator. Da er kein Schriftsteller sei, habe er den Vorgang nicht selber erlebt, sondern von einem der Protagonisten erfahren. Der nämlich gehörte zu einer Delegation von DDR-Schriftstellern, die in den 70er Jahren die mongolische Volksrepublik besucht und dabei – aber konzentrieren wir uns auf das Wesentliche: Da weilen also die hochrangigen, handverlesenen DDR-Autoren in Ulan-Bator, wo sie mit dem – so Bofinger – furchtbaren mongolischen Wodka abgefüllt und mit massivem mongolischem Chorgesang unterhalten werden: Junge Frauen in Tracht stehen im Halbkreis vor den Gästen und singen mit eigentümlich hohen Stimmen ungezählte Strophen ein und desselben Liedes.

Aber auch das hört einmal auf, und nun werden die Gäste aus der im fernen Europa gelegenen sozialistischen Bruderrepublik gebeten, doch ebenfalls ein Lied zu Gehör zu bringen. Ist es der Wodka, der Wirkung zeigt? Will man den Gastgebern das nicht enden wollende Lied heimzahlen? Fällt den DDR-Autoren auf die Schnelle kein besserer kurzer Sangesbeitrag ein? Jedenfalls stellen sich die Gäste nach kurzer Beratung ebenfalls im Halbkreis auf und singen die folgenden Zeilen:

›Möbel-Kunst,
der wohnt, das weiß ich,
Blücherstraße zweiunddreißig.‹

Ein Liedchen, das einer der Sänger abschließend mit dem folgenden Satz Mal für Mal ergänzt:

›Zwischen Südstern und Halleschem Tor!‹«

Anders unterbrach seine Erzählung, um sich am freudigen Erstaunen seiner Zuhörer zu weiden. Dann, nach zufriedenstellender Ernte, fuhr er fort: »Ihr habt sicherlich dreierlei bemerkt. Daß es sich beim vorgeblichen deutschen Volkslied erstens um einen schnöden Werbespot gehandelt hat, daß der zweitens ein unverkennbares Produkt der Glitzerstadt Westberlin, des kapitalistischen Stachels im sozialistischen DDR-Fleisch darstellte, und daß es daher drittens den Vertretern des ersten Arbeiter-und-Bauern-Staates auf deutschem Boden übel anstand, befreundete sozialistische Künstler mit dieser Sumpfblüte konsumistischer Profitmaximierungsstrategien zu konfrontieren, doch die sauberen DDR-Gäste setzten noch einen drauf, indem sie die westliche Weise nach mongolischer Manier etwa dreißig Mal wiederholten, worauf sie von den nichtsahnenden Zuhörern begeistert gefeiert werden.

Das böse Ende freilich, oder doch zumindest eine mögliche Wendung zum Bösen läßt nicht auf sich warten: Ein Jahr darauf weilen die mongolischen Schriftsteller mitsamt dem

Frauenchor in Berlin, der Hauptstadt der DDR, zu Gast. Im Palast der Republik sieht man sich wieder, und die deutsch-demokratischen Schriftsteller plagt einen Abend lang die allzu verständliche Angst: Was, wenn die mongolischen Gäste sich des so erfolgreichen deutschen Liedes erinnern und um eine Wiederholung des vorjährigen Vortrags bitten, oder wenn sie sich, schlimmer noch, die Werbeweise gemerkt haben, um sie nun zu Ehren der Gastgeber selber zu Gehör zu bringen, in Gegenwart all der Polit- und Kulturfunktionäre?« Wieder unterbrach Anders seinen Bericht. Erneut konnte er sich erfreuter Anteilnahme bei seinen Zuhörern vergewissern, doch diesmal mußte er jedwede Erwartung zum eigenen Leidwesen dämpfen: »Aber keine der Befürchtungen traf ein, und die kühnen Sänger konnten den Abend erleichtert beschließen.«

Erneut machte sich unter den Zuhörern Enttäuschung über den Ausgang der Geschichte breit, doch statt ein weiteres Mal die Pointenarmut der vom Leben zu verantwortenden Geschichten zu bemängeln, besannen sich die Zuhörer darauf, daß die Unfertigkeit besagter Prosa ja auch steten Anreiz darstelle, Motive des Gekosteten zu erweitern oder doch zumindest fortzuführen: So erwog Bernstorff die Möglichkeit, der eingeschleppte Werbespot lebe als gesunkenes deutsches Liedgut im Mongolischen weiter – die Erzählung des Freundes erinnere ihn an eine Jugendlektüre: In einem der Orient-Romane des besser als Autor der Indianer- und Tecumseh-Bücher bekannten Fritz Steuben habe er als Knabe gelesen, englische Arabisten hätten in den 20er Jahren vor einem Rätsel gestanden: Der Kriegsgesang eines irakischen Nomadenstamms sei keinem noch so entlegenen Dialekt zuzuordnen gewesen, die Melodie keiner musikalischen Tradition. Bis es sich herausgestellt habe, daß vor dem 1. Weltkrieg preußische Ausbilder besagten Stamm im Auftrag irgendwelcher türkischen Herrscher mit westlicher Kriegskunst vertraut gemacht und ihnen dabei auch ein Lied beigebracht hätten, den seinerzeit in Berlin populären Schlager »Hohoho, meine Muff ist weg, meine Muff ist weg, Hohohoho meine Muff, meine Muff ist weg!« Melodie und Text seien natürlich nie begriffen, doch sogleich zersungen worden, weshalb – Bernstorff kam nicht dazu, den Satz zu beenden, da Anders ihn unterbrach, um, wie er sich ausdrückte, rasch seine zweitliebste DDR-Geschichte loszuwerden: »Ich habe sie von einem Bekannten, und dem ist sie selber passiert. Zusammen mit seiner Frau ist er auf dem Wege nach Westberlin, am DDR-Grenzübergang Marienfelde. Die Frau sitzt am Steuer, der DDR-Grenzbeamte läßt das Fenster öffnen, worauf er die Wagenpapiere verlangt. So weit so üblich. Der Ehemann kramt sie aus dem Handschuhfach, gibt sie seiner Frau und sagt dazu: ›Überreiche dem Herrn die Wagenpapiere‹, worauf der Beamte kurz angebunden erwidert: ›Hier gibt es keine Herren, wir leben in einem Arbeiter-und-Bauern-Staat.‹ ›Auch gut‹, entgegnet der Mann und fügt erneut an seine Frau gewandt hinzu: ›Dann gib dem Bauern die Wagenpapiere.‹ Dessen Rache könnt ihr euch leicht vorstellen ... «

Lachend belohnte sich Anders für seine Einlage, schon wollte Bernstorff ein weiteres Geschichtchen aus seinen DDR-Grenzerfahrungen beisteuern, da sorgte der umsichtige Gastgeber sowohl für den Getränkenachschub als auch vor allem dafür, daß der Erzählabend nicht gänzlich aus dem Ruder lief, bevor er als dritter und letzter seinen Beitrag geleistet hatte: »Von Musikern war die Rede«, begann er, »von Schriftstellern haben wir gehört, da fügt es sich gut, daß ich mit einer durch und durch wahren Geschichte aus dem Gebiet der bildenden Kunst aufwarten kann. Obschon – was ist Wahrheit?« Daß dies keine rhetorische Frage sei, beeilte sich Claudius hinzuzufügen, daß die Freunde sich vielmehr darauf gefaßt machen müßten, den schwarzen Wahrheitspeter am Ende selber in Händen zu halten, doch bevor er bereits vom Ende rede, sollte er vielleicht erst einmal einen Anfang machen … Dem wurde nicht widersprochen, so daß Claudius damit begann, das Terrain seines Beitrags abzustecken: »Sagt euch der Name Leo Lionni etwas? In den 50er, 60er Jahren hatte sich dieser italienische Graphiker auch in Deutschland einen Namen gemacht, vor allem durch Kinderbücher, die ›Das kleine Blau und das kleine Gelb‹ hießen oder ›Swimmy‹. Als ich ihn Ende der 70er Jahre kennenlernte, arbeitete er an einem Buch, das er ›Parallele Botanik‹ nannte, sowie an einem Skulpturenprojekt für einen imaginären Garten. Doch nicht um die Verrichtung dieser reichlich formalistischen und künstlerisch fragwürdigen Produkte von Lionnis Einbildungskraft wird es in der folgenden Geschichte gehen, sondern um einen echten, allseits bekannten Gegenwartskünstler, der den Weg Leo Lionnis dank einer Laune des Schicksals gekreuzt hatte. Doch, und das sei eingeschoben: Was eigentlich hatte dazu geführt, daß der Italiener und ich einander über den Weg liefen?«

Die Antwort konnte die Zuhörer kaum überraschen: In der Toskana hätten sie einander kennengelernt, er, der damals rund vierzigjährige Erzähler und der siebzigjährige gutaussehende und guterhaltene Herr, eine der eindrucksvollsten Gestalten der Gegend. »Ich wußte bereits von ihm, hatte ihn auch schon wiederholt in den besseren Lokalen zwischen Gaiole und Radda gesehen, bevor ein deutscher Fotograf uns miteinander bekannt machte. Der bereiste den Chianti auf der Suche nach Homestories, hatte sich in meiner bescheidenen Behausung umgeschaut und mir vom prächtigen Anwesen der Lionnis berichtet, die unweit, bereits im Chianti, drei renovierte, auf drei Hügeln gelegene Gehöfte ihr eigen nannten. Bald darauf sollte ich das Porcignano genannte Anwesen selber kennenlernen, da Leo Lionni offenbar daran gelegen war, unsere Bekanntschaft ein wenig zu vertiefen, möglicherweise weil ich ihm als Künstler vorgestellt worden war und er ein Faible für Künstler hatte. Nicht daß er irgend etwas mit meinem Namen oder Tun verbunden hätte. Daran sollte auch der gemeinsam verbrachte Abend im Porcignano nicht allzuviel ändern, während ich voller Informationen und Eindrücke nach Montaio zurückkehrte.

Welch ein Leben! 1910 in Amsterdam geboren, wuchs Lionni mehrsprachig und in mehreren Ländern auf, bevor er, der Jude, das faschistische Italien bei Kriegsausbruch verließ, um in den USA sein Glück als Werber zu versuchen. In Philadelphia brachte er es rasch bis zum Art-Director in einer der wichtigsten Werbeagenturen, fühlte sich jedoch nach wie vor als Maler. So hatte er ein Herz für jene in den USA gestrandeten Künstler, die gleich ihm aus Europa geflohen waren, ohne das Glück zu haben, ihr Geld in der Werbung verdienen zu können. Einer der von ihm betreuten Kunden, und so beginnt seine und damit meine Geschichte, sei die Container Corporation, eine Firma für Versandkartons gewesen, und der habe er eine dem Patriotismus förderliche Imagekampagne vorgeschlagen und verkauft, die sich ›Große Ideen der westlichen Menschheit‹ nannte und zu der ›echte‹ Künstler Illustrationen beisteuern sollten. Einer dieser Künstler sei der berühmte Fernand Leger gewesen, und um den für das Projekt zu gewinnen, hatte Lionni in einem Layout der angestrebten Anzeige die Figuren im Leger-Stil gescribbelt, um dem Meister auf die Schnelle eine Vorstellung von dem Format und der ungefähren Anmutung der von ihm gewünschten Zeichnung zu geben. Doch es kam anders. Leger sah die Zeichnung, fand sie sehr gelungen und äußerst leger-like und fragte den verdutzten Art-Director, warum er sie denn noch mal zeichnen solle, da sie, so wie Lionni sie gezeichnet hatte, ihren Zweck vollständig erfülle. Ob nicht seine Signatur genüge? Leo Lionni habe geschmeichelt zugestimmt und, so sein vorläufiges Fazit: Die Anzeige erschien wie besprochen, indes Leger sein Geld wie abgesprochen erhielt.«

Claudius lehnte sich lächelnd zurück. »Diesmal«, befand er, »könne man dem Leben keinen rechten Vorwurf machen, das sei doch«, insistierte er, »eine gut pointierte Geschichte, der kein rechtlich Denkender seinen Beifall versagen könne. Oder? Doch es kommt noch besser!« trumpfte er auf, kaum daß die Freunde durch zögerndes Nicken ihr Einverständnis signalisiert hatten. »Lionni nämlich konnte noch einen draufsetzen. Er habe diese Geschichte immer wieder zum Besten gegeben, doch irgendwann seien ihm Zweifel an der Authentizität des Vorgangs gekommen. Hatte er ihn wirklich in allen Einzelheiten so erlebt, er, der namenlose Art-Director, mit ihm, dem weltberühmten Leger? Oder war der Geist der Erzählung nach und nach in ihn gefahren, mit der Folge, daß er sich immer weiter von einem dereinst realen, aber nun nicht mehr erinnerbaren Ausgangspunkt entfernt hatte? Doch dann habe ihn eine zufällige Begegnung aller Zweifel enthoben: Jahrzehnte später, bereits nach seiner Rückkehr nach Europa, sei er mit einer ihm bis dato unbekannten Frau ins Gespräch gekommen, auch von Künstlern sei die Rede gewesen, und da habe die Frau zu erzählen gewußt, daß Leger ihr einmal berichtet habe, wie er zum leichtest verdienten Honorar seines Lebens gekommen sei: Während seiner amerikanischen Zeit habe ihn ein junger Art-Director angerufen und bei ihm angefragt ... « Daß er sich den Rest wohl schenken könne, setzte Claudius hinzu, einen weiteren Haken müsse er den Freunden freilich noch zumuten: »Auch ich kolportierte diese, wenn man so will, doppelt pointierte, ergo zwiegenähte und entsprechend wasserdichte Geschichte gern, zum Beispiel immer dann, wenn die Rede auf leicht verdientes Geld oder Honorare überhaupt kam, auch mir geriet sie mit der Zeit zugleich stromlinienförmiger und schematischer, zumal ich mir einige Details naturgemäß nicht korrekt gemerkt hatte, andere vergessen. Daher las ich mit Interesse, wir schreiben das Jahr 1998, daß Leo Lionnis Autobiographie in deutscher Übersetzung erschienen sei. Ich erstand das ›Zwischen Zeiten und Welten‹ betitelte Werk. In ihm, dessen war ich sicher, würde ich die vollständige und ganz und gar authentische Fassung der schönen Anekdote finden. Aber nichts da. Zwar handelt ein eigens ›Art-Director‹ überschriebenes Kapitel von der Agentur Ayer, zwar findet sich dort nicht nur der Hinweis, Lionni habe die bekanntesten Künstler für die Container-Werbung eingespannt, darunter Leger, Man Ray und de Kooning, sondern da ist auch ein Foto zu sehen, das Leger zusammen mit Leo Lionni zeigt – doch vom gemeinsamen Streich der beiden ist in Lionnis Autobiographie so wenig die Rede wie von nachträglichen Zweifeln und glücklicher Rettung der Geschichte. Weshalb diese Lücke? Zwar gab sich der Lebensbericht über weite Strecken recht gravitätisch, doch fanden sich hin und wieder auch anekdotische Einsprengsel im Fluß der Erzählung – wieso hatte Lionni ausgerechnet auf die von ihm mit soviel

Freude vorgetragene Episode verzichtet? Bis heute weiß ich keine Antwort, und der einzige, der sie verbindlich zu liefern imstande wäre, Lionni, weilt nicht mehr unter den Lebenden. Waren ihm erneut Zweifel gekommen, diesmal nicht nur die Kerngeschichte, sondern auch den Nachklapp betreffend? Mit der Zeit wird alles heil, sagt Wilhelm Busch, aber trifft auf die Erinnerung nicht das Gegenteil zu? Wird aus dem ›So war das‹ der jüngeren Jahre nicht mit zunehmendem Alter ein ständig sich verstärkendes ›War das so?‹« Besinnlich verstummte Claudius, doch ein Blick auf die betroffenen, ja fast glasigen Blicke der Freunde bewog ihn dazu, letzte Munterkeitsreserven zu mobilisieren. »Lassen wir Lionni aus dem Spiel, reden wir von mir. Waren dem zuvor Zweifel gekommen, die erst das Gespräch mit der Frau zerstreut hatten, so beschlichen vergleichsweise Zweifel nun mich, freilich ohne die Hoffnung, jeweils von einer mildtätigen Gesprächspartnerin dieser Zweifel enthoben zu werden. Von einem Schwarzen Peter sprach ich eingangs, ich hätte auch das Flaschenteufelchen des Robert Louis Stevenson ins Feld führen können. Denn nun, da ich Lionnis Geschichte samt aller Zweifelschwänze an euch weitergereicht habe, fühle ich mich bereits besser. Schon ist sie nicht mehr ausschließlich mein Problem, schon ist sie dabei, eures zu werden: Welcome to the club. Noch seid ihr unschuldige Neuhörer, doch irgendwann werdet auch ihr euch der nunmehr gealterten Geschichte erinnern, und da wird es nicht ausbleiben, daß auch euch Zweifel beschleichen werden, ob ich den ganzen Vorgang wirklich so und nicht etwas oder gar ganz anders erzählt hätte. Und eines schönen Tages wird es auch euch drängen, das alles weiterzuerzählen, sowohl Lionnis Geschichte und seine Zweifel wie auch meine Version und meine Irritationen, und die, die euch zuhören, werden hingehen und desgleichen tun, und es wird diese Geschichte samt der Zweifel an der Geschichte gleich einer stillen Post die Runde von Mund zu Ohr und so weiter machen, und am Ende wird sie aufgehen im Geschichtenmeer, dort, wo alle Geschichten, die das Leben so schreibt, sich ununterscheidbar vermengen und vermischen. So weit hat es meine, sprich Lionnis, Geschichte noch nicht gebracht – doch wer weiß? Ich werde nicht der erste und einzige gewesen sein, dem er sie anvertraut hat. Warum nicht auch den vielen Bekannten in den so verschiedenen Ländern, die Lionni in so unterschiedlichen Zeiten bewohnt und in den so vielfältigen Sprachen, die er beherrscht hat – mir zum Beispiel hat er sie auf deutsch erzählt, vielleicht, sage ich, konkurrieren holländische, französische, italienische und natürlich englische Versionen miteinander, weshalb vermutlich der tatsächlich im Irrtum ist, welcher den Geschichten, die das Leben schreibt, eine Pointe abverlangt. Pointen sind Menschenwerk, sind der Versuch, Wasser zu ballen, wie der Dichter sagt, Bewegtes zu formen, Flüssiges zuzuspitzen. Natürlich vergebliche Versuche, aber – und darin könnte man mit gutem Willen so etwas wie eine Pointe sehen –: Aber wie anders können wir den unsteten und unfesten Stoff des Lebens in den Griff bekommen, wenn nicht, wie es ein anderer Dichter formuliert hat, durch Stein, Vers, Flötenlied – sprich durch Gefäße, dank derer wir hoffen, wenigstens etwas von dem Lebensstoff aufzubewahren und überliefern zu können, wohlwissend, daß jede derart präparierte Lebensäußerung aus dem Zusammenhang gerissen und jedes noch so zweckdienliche Gefäß – «

Es war wohl die wiederholte Erwähnung der Worte »flüssig« und »Gefäß«, welche die Gäste rege werden ließ, denn mitten in Claudius' Redestrom bemerkte Anders, es gäbe etwas, das flüssiger sei als flüssig, nämlich einen Gastgeber, der sich nicht um seine Gäste kümmere, der sei überflüssig, während Bernstorff, sein Glas hebend, erklärte, er würde ja gerne dieses Gefäß auf das Wohl des hochverehrten Lebens erheben, doch ermangle es leider erheblich an Flüssigem – Klagen wie Anklagen, welche Claudius dazu bewogen, schleunigst eine weitere Flasche Solabal zu öffnen und einzuschenken, ein Vorgang, den sich Anders nicht verkneifen konnte, wie folgt zu kommentieren: »Da kommt ja endlich wieder Leben in die Bude.«

Ein Wort zu drei Herren

Denken wir uns drei Herren im besten Mannesalter, einen Landschaftsmaler, einen Rahmenmacher sowie einen Museumsdirektor. Gönnen wir uns die Zeit, zu bedenken, wieso diese drei zu dem wurden, was sie sind. Soviel allerdings sei bereits jetzt verraten, daß das Sublimieren keine unerhebliche Rolle bei der Ausbildung der so unterschiedlichen Karrieren gespielt hat …

Jeder kleine männliche Erdenbürger, der das Licht der Welt erblickt, hat kurz darauf nichts Besseres im Sinn, als es einem längst verstorbenen Griechenkönig nachzutun: Wie Ödipus Rex will er seinem Vater an die Gurgel und seiner Mutter an die Musch.

Da er das aus zweierlei Gründen nicht packt, a) weil er zu klein und b) weil es verboten ist, übt er sich im Sublimieren, dessen erster Schritt darin besteht, dass er, herangewachsen, nicht mehr dem Vater an die Gurgel will, sondern dem Nachbarn, und nicht mehr der Mutter an die Musch, sondern der Nachbarin.

Da er das aber aus zweierlei Gründen nicht packt, a) weil der Nachbar sehr stark und b) weil die Nachbarin nicht willig ist, vollzieht er den zweiten Schritt des Sublimierens, der darin besteht, daß er versucht, die Szene, wie er dem Nachbarn an die Gurgel und der Nachbarin an die Musch geht, bildlich festzuhalten. Da er das aus zweierlei Gründen nicht packt, a) weil er keine Männer und b) weil er keine Frauen zeichnen kann, folgt der dritte Schritt des Sublimierens, der darin besteht, daß er statt der ursprünglich beabsichtigten Szene eine Landschaft malt, in welcher ein phallisch aufragender Baum sein Begehren, ein geknickter Baum die Gurgel des Nachbarn beziehungsweise Vaters, und ein tiefblauer See die Musch der Mutter beziehungsweise Nachbarin darstellt.

Mit dem fertigen Bild begibt sich der nunmehr frischgebackene Landschaftsmaler zu einem Rahmenmacher, in der Absicht, sein Bild rahmen zu lassen. Warum aber ist der Rahmenmacher nicht ebenfalls – den soeben vorgestellten Sublimationsschritten folgend – Landschaftsmaler geworden, sondern schlichter Rahmenmacher? Weil er als Halbwaise weniger zu sublimieren hatte. Da er dem verstorbenen Vater nicht an die Gurgel musste, sah er sich lediglich gezwungen, den Wunsch, der Mutter an die Musch zu gehen, umzuleiten. Er projiziert ihn auf die Nachbarin, die ihn a) hätte gerne machen lassen, b) aber Ansprüche finanzieller Art äußerte, denen der Jüngling lediglich dadurch zu genügen verstand, daß er den Beruf des Rahmenmachers erlernte, der ihm mit der Zeit dann auch zu einem bescheidenen Wohlstand verhalf. So bescheiden jedoch, daß die Nachbarin sich immer noch gezwungen sah, abzuwinken.

Nun kommt der Museumsdirektor ins Spiel. Er sieht beim Rahmenmacher das Bild des Landschaftsmalers und ist entzückt: Aber warum ist er weder Landschaftsmaler noch Rahmenmacher, sondern Museumsdirektor geworden?

Nun, da das arme Wurm sowohl vater- wie mutterlos aufgewachsen war, konnte es weder den Wunsch entwickeln, dem Vater an die Gurgel zu gehen, noch der Mutter an die Musch. Auch mußten weitere Sublimationsschritte in Richtung Nachbar und Nachbarin zwangsläufig ausfallen.

Was aber macht ein wunschlos Glücklicher in einer Gesellschaft, die durch sublimierte Wünsche strukturiert, ja konstituiert wird? Er kompensiert diesen Mangel dadurch, dass er sein und das ihm anvertraute Geld für schiere, psychologisch unbefrachtete Schönheit ausgibt. Und da haben es ihm nun mal die Landschaftsbilder des Landschaftsmalers angetan. Also erwirbt er das Landschaftsbild für teuer Geld, was den Landschaftsmaler in die Lage versetzt, seinem Nachbarn ein Angebot zu machen, dem er sich nicht wird entziehen können: Fünfzehntausend Euro bietet er dem Nachbarn für die Nachbarin, worauf sich der Nachbar an die Gurgel greifend »Jawoll« stöhnt, während die Nachbarin darangeht, den ganzen Vorgang dahingehend zu sublimieren, dass sie dem Landschaftsmaler ihre Musch zwar zeigt, aber nicht hingibt, ihn dergestalt dazu zwingt, laufend weitere Landschaftsbilder zu malen, die laufend weitere Gelder einbringen, nicht zuletzt durch den Museumsdirektor, während ihr hin und wieder verstohlene Lust durch den Rahmenmacher bereitet wird, dessen Ausstattung und Einkommen dank der vielen Rahmen für die vielen Landschaftsbilder nunmehr durchaus zwei Frauen zu genügen versteht.

Die Baum-Schule

Denken wir uns einen Meister, so denken wir uns zugleich einen Schüler. Denn gleicht nicht ein Meister ohne Schüler einer Glocke ohne Klöppel, einer Glucke ohne Küken, einer Glacke ohne – doch genug der Gleichnisse! Sollten wir die nicht lieber dem Meister überlassen? Aber gleich und sofort:

Heute, sprach der Meister zum Schüler, wollen wir nicht in der Stube lernen, sondern uns in die Baum-Schule begeben.

In die Baumschule? verwunderte sich der Schüler. Was gibt es denn da für uns Menschen zu lernen? Herzlich wenig, dünkt mich.

Doch der Meister ließ ihn lächelnd sein Bündel schnüren und führte den Schüler ins Freie, wo er ihm bedeutete, sich im Schatten einer Pinie niederzulassen.

Betrachte diesen Stamm, junger Freund, beschied ihm der Meister, und dann teile mir mit, was du siehst.

Ich? Gibt's hier denn groß was zu sehen, außer einem Baumstamm?

Gewiß, versetzte der Meister.

Aber was, ereiferte sich der Schüler.

Einen Lebenslauf, sagte der Meister.

Das ist mir zu hoch, seufzte der Schüler.

Lächelnd wies der Meister auf den Stamm: Heute steht hier ein hoher Baum mit breiter Wurzel und dichter Krone. Doch das war nicht immer so.

Nein? fragte der Schüler. War es denn mal anders?

Einst war da ein nur ein Same, hub der Meister an.

Wie beim Menschen, entfuhr es dem Schüler.

Richtig, bestätigte der Meister. Und der Same entwickelte tief im Erdreich einen Trieb.

Auch wie beim Menschen, rief der Schüler erregt aus.

Na ja, nicht ganz, erwiderte der Meister. Wie immer: Dieser Trieb suchte und fand das Tageslicht. Er wuchs zu einem Stämmchen heran, und eines Tages fiel der Blick eines Menschen auf die kleine Pinie, und er sagte: Dir will ich helfen, groß und stark zu werden, kleiner Baum!

Wie beim Menschen! unterbrach ihn der Schüler erregt. Da lehrt ja auch der große Baum den kleinen Baum, wo es langgeht.

Welcher Baum denn? verwunderte sich der Meister. Na, Schwamm drüber. Der Mensch sagt jedenfalls dem Baum, daß nur der groß und stark zu werden vermöge, welcher auch bereit sei, dafür Opfer und Leiden auf sich zu nehmen. Als erstes müsse er ihm daher alle unteren Äste abschneiden, damit der Stamm sich erheben und die Krone sich ausbilden könne.

Genau wie beim Menschen! eiferte sich der Schüler. Wenn der gut abschneidet, dann hebt er auch gerne einen, und nachher hat er einen in der Krone!

Sag mal, versetzte der Meister, hast du auch nur ein Wort von dem verstanden, was ich dir sagen wollte?

Astrein, erwiderte der Schüler. Sie haben ein wirklich baumstarkes Gleichnis abgeliefert, Meister. Also ich wäre jedenfalls nie darauf gekommen. Aber wie es so schön heißt: Sag nie Pinie. Oder war es: Sag immer: Pi mal Schnauze? Egal. War jedenfalls toll hier in der Baumschule, bloß ein bißchen trocken. Wie wär's mit einem Besuch in einer anderen Pflanzenschule?

In welcher Pflanzenschule denn? wollte der Meister wissen.

In der Pilz-Schule, entgegnete der Schüler, auch als Pils-Stübchen bekannt. Ich wüßte hier eines gleich um die Ecke, Meister!

Also auf ins Pils-Stübchen, erwiderte der Meister und ergab sich drein, daß auch diese Lehrstunde so enden würde wie alle anderen zuvor. Aber solange der Schüler alles zahlte...

Hier lang, Meister, rief der Schüler im Davonschreiten, immer mir nach!

Der erste Jagdtag

Denken wir uns die Sala grande eines toskanischen Landhauses: Dunkle Holzbalken tragen die rotgeflieste Decke, Möbel stehen vor den weißgekalkten Wänden, helle Flammen züngeln im breiten Kamin, in dessen Sandsteinfassung ein zentral angebrachtes Wappen davon kündet, daß dieses Gemäuer niemals dafür bestimmt war, schlicht bäuerlichen Bedürfnissen zu dienen. Ein Marchese di Ruspoli hatte es vor zwei Jahrhunderten errichten lassen, um in den nahen Chianti-Wäldern seiner Jagdlust zu frönen, und so hatten es auch seine Nachkommen gehalten. Nicht ohne sichtbare Folgen. Trophäen schmücken die Wände, stehen auf Simsen, Anrichten und Schränken. Vom präparierten Wildschweinkopf über den Dachsbalg bis zum ausgestopften Fasan ist alles Getier versammelt, welches die Gegend dem Waldmann zu bieten hatte, und die di Ruspolis hatten sich dieses Angebots denn auch von Generation zu Generation zu bedienen gewußt, bis das Jagdhaus vor nicht allzu langer Zeit, nach dem Tode des alten Marchese Lorenzo, einem großen Jäger vor dem Herrn, an seinen einzigen Sohn und Erben, den aus der Art geschlagenen Giacomo gefallen war.

Nicht daß er keine Passion für Öl und Wein, die traditionellen Produkte des Hauses di Ruspoli gehabt hätte, im Gegenteil. Sogleich nach Antritt des Erbes sann er auf Möglichkeiten, diesen Betriebszweig finanziell zu befördern, und dabei war er, dem die Jagdleidenschaft völlig abging, auf die

Idee verfallen, das abseits gelegene Jagdhaus zu vermieten, boten ihm selber doch Villa und Wirtschaftsgebäude Raum genug.

Und Mieter hatten sich auch sogleich gefunden, so rasch, daß dem jungen Marchese nicht einmal die Zeit geblieben war, die Jagdhinterlassenschaften seines Vaters – von den Waffen einmal abgesehen – aus dem Hause zu entfernen. Das junge deutsche Paar, dem er während einer Weinprobe in den Kellern der Sutters begegnet war, hatte ihm nach kurzem Rundgang durch das Jagdhaus bedeutet, die Entsorgung der Truhen und des Jagdschranks habe keine Eile – weitere Schränke und Ablagen seien ja zur Genüge da, und das Ganze habe einen derart unwiderstehlichen rustikalen Charme, daß es lieber heute als morgen, und das für längere Zeit, einziehen würde.

Es lag nun schon wieder ein halbes Jahr zurück, daß der junge Maler – als solcher hatte er sich vorgestellt – und seine ausnehmend hübsche Begleiterin im Jagdhaus der di Ruspoli eingezogen waren. Seither ging die nicht gerade moderate Miete pünktlich zu jedem Monatsanfang ein. Wann immer der Marchese seinen Mietern über den Weg lief – und das geschah in dem Maße häufig, in dem sich die Anlässe zu feiern sommerbedingt häuften –, wann immer er sie bei den Ewings, den Eriksons, den Battistas, den Romans oder den van Lams sah – und er sah sie so gut wie überall –: da hörte er nichts als Dank und Lobesworte für das wunderbare Domizil, das er ihnen im herrlichen Lande seiner Väter ermöglicht habe.

»La Toscana è sempre la Toscana«, pflegte sie bei solchen Gelegenheiten zu sagen, stolz, »ihr« Italienisch, das sie sich vor Jahr und Tag in einer der zahllosen toskanischen Sommerakademien »draufgeschafft« hatte, auch mal »an den Mann« bringen zu können.

Eine Fertigkeit, die ihrem Begleiter zu fehlen schien, da er sich lediglich auf deutsch und englisch zu verständigen wußte, in beiden Sprachen jedoch das gleiche mitzuteilen hatte: Daß die Toskana ein absolutes Muß für einen Maler darstelle, schon allein wegen all der Künstler, die dieser gesegnete Landstrich im Laufe der Jahrhunderte hervorgebracht habe, wovon ja all die Kunstwerke zeugten, die er bis auf den heutigen Tag beherberge und berge – er habe da neulich wieder einen Fra Angelico gesehen, in … in … Como – »in Cortona«, berichtigte sie – ja genau da, der sei schlicht und ergreifend first class gewesen. Ein Spitzenbild!

Wie im Fluge war so der Sommer vergangen, schon nahmen die Feste ebenso fühlbar ab wie die Temperaturen, und da signalisierten eines schönen Morgens Hundegebell und Büchsenknall, daß sich mit dem Beginn der Jagdsaison auch herbstliche Tage ankündigten. So weit – so üblich, doch wer hätte ahnen können, daß ausgerechnet an diesem Tage dem jungen Paar auch dramatische Stunden und bedeutsame Besuche ins Haus stehen würden? Claudia und Rainer – denn das waren ihre Namen – wohl am allerwenigsten …

Und kaum, daß sie sich vom ersten profunden Schreck erholt haben, da sorgt ein weiterer Besucher für neuerliche Unruhe im alten Jagdhaus und für erneute Beunruhigung der bereits erregten Mieter, die gerade dabei sind, mit einem uniformierten Gast einige Gegenstände zu mustern, die letzterer auf der langgestreckten dunklen Platte des Eßtisches aufgestellt und ausgebreitet hatte: ein Paar Gummistiefel, diverse kleinere Kleidungsstücke, ein ramponiert wirkender Tarnanzug, ein grüner Hut mit drei langen Federn sowie ein rundes, auf den ersten Blick nicht zu identifizierendes Holzobjekt von der Größe einer Kinderfaust. Gerade hat der Carabiniere der Claudia ein Papier, offenbar eine Identifikationsliste, in die Hand gedrückt, nun vergleicht sie deren Angaben mit den Gegenständen auf dem Tisch und nickt wiederholt: »Si, si. Tutto aposto. Alles in Ordnung, nicht wahr, Rainer?«

»Sieht so aus, Claudia. Na denn: Arrividerci!«

Doch so leicht ist der Polizeibeamte nicht abzuschütteln: »Posso chiedere una firma?«

Schon will sie das Schriftstück unterschreiben, da schüttelt der Carabiniere den Kopf: »Tocca al parente!«

»Rainer, der Beamte meint, du sollst es unterschreiben. Es war schließlich dein Onkel.«

»Das war er! Der gute Onkel Herbert! Gib her.«

Eine letzte Unterschrift, der Carabiniere wendet sich zum Gehen, allerletzte Gruß- und Abschiedsworte fallen schon, gleich ist der Spuk vorbei, da tritt der Beamte nochmals an den Tisch und nimmt nachdenklich das runde Holzobjekt in die Hand: »Per quale scopo serve questo oggetto?«

Wofür dieses Ding gut sei, will sie übersetzen, doch vorerst übertönen laute Schüsse ihre Worte.

Alle drei tauschen leidende Blicke, denen der Beamte noch ein geharnischtes »Maledetti cacciatori!« hinzufügt. Doch dann herrscht wieder Ruhe, und die Szene droht unversehens zum Tribunal zu werden. Auf jeden Fall aber wird die Sala grande zum Schauplatz einer Szene …

RAINER Sag ihm, daß es eine Warnpfeife ist. Sag's ihm.
CLAUDIA Weißt du zufällig, was »Warnpfeife« auf italienisch heißt?« *Zum Carabiniere* E una specie di fluto …
RAINER Mit der man Jäger warnt.

CLAUDIA Per allarman i cacciatori.

RAINER Damit sie nicht schießen.

CLAUDIA Per evitar che sparano …

Nachdenklich will der Beamte das Instrument an den Mund führen, da verhindert Rainers rascher Zugriff jede weitergehende Nutzung: »Sag ihm, daß das Ding ansteckend ist.«

CLAUDIA Ansteckend?

RAINER Weil der Onkel doch darauf geblasen hat. Und weil den doch schon in Deutschland diese ansteckende Krankheit erwischt hatte …

CLAUDIA Welche denn? *Zum Carabiniere* Non toccare è contagioso. Il povero nonno sofrifa de una malattia.

CARABINIERE Quale malattia?

CLAUDIA Welche Krankheit meinst du denn?

RAINER Na irgendeine ganz schlimme. Ebola zum Beispiel.

CLAUDIA In Deutschland?

RAINER Oder Aids.

CLAUDIA Mit siebenundsechzig Jahren?

RAINER Oder asiatische Grippe.

CLAUDIA Sofriva de una spece influenza sconosciuta e molto grave … Melio non toccara l'instrumento!

Da endlich legt der Carabiniere den Gegenstand zögernd auf den Tisch zurück, drückt noch einmal sein tiefes Mitgefühl zum tragischen Ende des armen Onkels aus und verläßt mit einem »Buona sera« den Raum.

RAINER Uff! Der hatte Nerven!

CLAUDIA Und du hattest die Flatter. Was erzählst du denn da plötzlich von Ebola?

RAINER War doch nur ein Beispiel für ansteckende Krankheiten.

CLAUDIA Ein reichlich riskantes Beispiel.

RAINER Nicht so riskant wie das Hantieren des Bullen mit Pfeife. Stell dir vor, er hätte auf ihr geblasen …

CLAUDIA Stimmt, Rainer, das hätte ins Auge gehen können.

RAINER Das wäre ins Auge gegangen, Claudia.

Ein Schuß, der beide dazu veranlaßt, erst einander anzuschauen, um sodann auf den Tisch zu blicken.

RAINER Was machen wir nun mit den ganzen Sachen von Onkel Herbert?

CLAUDIA Armer Onkel Herbert. Daß er so enden mußte …

Draußen fallen zwei Schüsse.

RAINER Diese verdammten Jäger!

CLAUDIA *etwas leiernd* Siamo in Italia.

RAINER Wo jeder Idiot, der ein Gewehr halten kann, auch jagen darf.

CLAUDIA Als ob es hier noch etwas zu jagen gäbe.

RAINER Ist ja alles bereits ausgerottet: Wildtauben, Hasen, Fasane.

CLAUDIA Und nun auch Onkel Herbert …

RAINER *aufseufzend* Armer, armer Onkel Herbert.

CLAUDIA Daß er aber auch ausgerechnet an jenem
Wochenende zu Besuch kommen mußte, an welchem
hier die Jagdsaison eröffnet wurde … Da sind ja tradi-
tionell besonders viele Jäger unterwegs…

RAINER Und besonders ausgehungerte. Ein halbes Jahr
haben sie nicht jagen dürfen, nun halten sie endlich
wieder eine Knarre in der Hand…

CLAUDIA Und piff paff! Auf alles, was sich bewegt.

RAINER Inklusive Onkel Herbert. Wäre er doch nur zu
Hause geblieben, an diesem Sonntag!

CLAUDIA Wäre er erst gar nicht am Samstag gekommen!

Beide blicken auf die Kleidungsstücke auf dem Tisch.

BEIDE Armer, armer, armer Onkel Herbert!

RAINER *die Stiefel prüfend.* Die Gummistiefel sind noch
gut. Die stellen wir mal beiseite.

CLAUDIA Wenn man es genau bedenkt, kam er ja deinet-
wegen.

RAINER Meinetwegen hätte er wirklich nicht kommen
müssen, Liebling.

CLAUDIA Du bist nun mal sein Lieblingsneffe.

RAINER Ich war es.

CLAUDIA *aufseufzend* Und alles wegen dieser schrecklichen Jäger…

RAINER Diese furchtbaren Jäger…

CLAUDIA Diese furchtbar treffsicheren Jäger…

RAINER Na ja – so schwer war Onkel Herbert nun auch
nicht zu treffen.

Er hebt den stattlichen, von Schrotkugeln durchlöcherten Tarnanzug in die Höhe.

RAINER Eigentlich nicht zu verfehlen ...
CLAUDIA Hier vor der weißen Steinwand sicherlich nicht. Aber in den Maisfeldern ... Da macht einen so ein Tarnanzug doch praktisch unsichtbar...
RAINER Und das war ja auch der Zweck des Anzugs! Er sollte Onkel Herbert vor den Jägern schützen!
CLAUDIA Tat er aber nicht. Was machen wir denn nun mit dem guten Stück?
RAINER Eigentlich gehörte er ja dem Marchese. Aber in diesem Zustand –
CLAUDIA Der wird den nun auch nicht mehr gebrauchen können.

Er deutet fragend auf das Kaminfeuer.

CLAUDIA *nickt* Schon wegen der Ansteckungsgefahr.
RAINER Weswegen? Ach so!

Er wirft den Tarnanzug ins Feuer, sie läßt Unterhose und Unterhemd folgen.

CLAUDIA Auch wenn er dein Erbonkel ist – auf diese Erbstücke kannst du verzichten, finde ich.
RAINER Finde ich auch! Und auf die ebenfalls. *Er wirft die Socken hinterher.* Scheußliche Farben ...
CLAUDIA Von Farben hat Onkel Herbert wirklich nichts verstanden. Er wollte ja ursprünglich in seinem blauen Blazer zur Fiaschetteria la Luna gehen.

RAINER Ich mußte mir den Mund fusselig reden, bis er in den Tarnanzug vom Marchese stieg…

CLAUDIA Dabei war es doch nur zu seinem Besten!

RAINER Wer konnte denn ahnen, daß es so böse enden würde…

CLAUDIA Tja, diese schrecklichen italienischen Jäger… Aber ein bißchen war es ja auch seine Schuld.

RAINER Ein bißchen? Nur ein bißchen?

CLAUDIA Nun gut. Er trägt ein gerüttelt Maß an Schuld…

RAINER Gerüttelt und geschüttelt. Erstens hätte Onkel Herbert gar nicht zu uns in die Toskana zu kommen brauchen.

CLAUDIA Er wollte halt sehen, wie weit du mit deiner Ausstellung bist.

RAINER Aber was geht ihn das an?

CLAUDIA Nun, wer hat dir seit sechs Monaten regelmäßig einen hohen Wechsel überwiesen, wer hat die Miete gezahlt und all die Extrakosten für Leinwand und Farben und so weiter?

RAINER Und so weiter? Meinst du damit nicht zufällig dich?

CLAUDIA Stimmt, Rainer, sicherlich. Auch ich habe von Onkel Herbert profitiert. Und davon, daß du sein Lieblingsneffe bist. Ich meine: warst!

RAINER Und davon, daß er an mein Talent als Maler glaubte, sowie davon, daß er sich den heranwachsenden Maler nicht anders als in Italien vorstellen konnte. *Er weist um sich.* Säßen wir denn sonst hier, im Landhaus des Marchese di Ruspoli?

CLAUDIA *seufzend* Der gute Onkel Herbert!

RAINER Gut? Der? Findest du es so gut, wenn der Erbonkel plötzlich unangemeldet beim Neffen aufkreuzt, um sich ein eigenes Bild von den bisher brieflich und telefonisch übermittelten Fortschritten als Maler zu machen? Findest du es so gut, den Künstler erst sechs Monate zu unterstützen, um ihn dann aus heiterem Himmel zu überfallen: Zeig mal, was du in dieser Zeit gemalt hast?

CLAUDIA Na ja ... So ein Mäzen will halt hin und wieder mal sehen, welche Zinsen sein Wohltun trägt.

RAINER Aber doch nicht von jetzt auf gleich. Das schickt sich nicht! Atelierbesuche nie ohne Voranmeldung!

CLAUDIA *um sich weisend* Viel Atelier ist ja hier nicht gerade.

RAINER Komm, du weißt doch, wie's gelaufen ist. Ich wollte malen, ehrlich.

CLAUDIA Natürlich, ich weiß es, Liebster ... Aber dann gab es in der Toskana erst mal so viel zu besichtigen!

RAINER Ein Künstler muß doch wissen, was die Kollegen in all den Jahrhunderten schon alles gemalt haben, bevor er sich ans Malen begibt.

CLAUDIA Und dann gab's ja auch so viel zu essen.

RAINER Na wenn wir schon in Gießen immer zum Italiener gegangen sind, wieso nicht auch in Italien?

CLAUDIA Und so viel zu trinken.

RAINER Apropos! *Er verschwindet hinter einer Tür, und man hört zwei aufeinander folgende, schußartige Geräusche.*

CLAUDIA Mach doch nicht gleich zwei Flaschen auf, Rainer!

132

Er erscheint mit einer Flasche Champagner und zwei
Gläsern.

RAINER Wofür hältst du mich, Claudia, die andere
Flasche war ein Jäger.

Sie stoßen an.

RAINER Und wer die Getränke eines Landes mißachtet,
ist nicht wert, es kennenzulernen. Prost auf die Toskana!
CLAUDIA Seit wann kommt der Champagner aus der
Toskana?
RAINER Stimmt. Er kommt aus Gießen! Prost auf Onkel
Herbert, den edlen Spender!
CLAUDIA Armer, armer, armer, armer Onkel Herbert.

Ein Schuß. Er zeigt mit dem Glas auf die so gut wie leere
Leinwand, die auf einer Staffelei steht.

RAINER Ich wollte wirklich malen! Aber was gibt's hier
schon groß zu malen! Zypressen und Pinien. Die einen
sehen wie zugeklappte Regenschirme aus und die ande-
ren wie aufgeklappte.
CLAUDIA Das hast du aber schön gesagt, Rainer.
RAINER Ist auch nicht von mir.
CLAUDIA Nein? Von wem denn sonst?
RAINER Von Gottfried von Schadow.
CLAUDIA Was du für Bekannte hast!
RAINER Der ist schon seit hundertfünfzig Jahren tot.
CLAUDIA Tot. Wie Onkel Herbert. Armer, armer,
armer –

RAINER *ihr ins Wort fallend.* Wenn ich es mir richtig überlege, warst du es, die mich in all diesen sechs Monaten lang am Malen gehindert hat, Claudia.

CLAUDIA Ach ja? Wie denn in aller Welt?

RAINER Wer hat denn die Eriksons kennengelernt und mich zu den Eriksons geschleppt? Wer die Battistas, mit der gleichen Folge? Wer die Romans, die Ewings, die van Lams und die Sutters? Wer war auf allen Weinproben, in allen »Musik in der Villa«-Konzerten, bei allen Dorffesten?

CLAUDIA Du, Liebling!

RAINER In deinem Schlepptau, Schatz. Und wo du aufgetaucht bist, machtest du Bekanntschaften. Und all diese Bekanntschaften hatten Einladungen zur Folge. Und alle Einladungen Gegeneinladungen – was da an Zeit draufgegangen ist!

CLAUDIA Furchtbar viel Zeit.

RAINER Und Geld.

CLAUDIA Entsetzlich viel Geld.

RAINER Kein Wunder, daß Onkel Herbert irgendwann mal wissen wollte, wo das Geld eigentlich blieb, das er mir da immer überwies.

CLAUDIA Aber man kommt nicht ohne Voranmeldung. Noch dazu an einem Samstag.

RAINER Am Vorabend der Eröffnung der Jagdsaison.

CLAUDIA An dem wir eigentlich mit den Sutters verabredet waren, im Cenacolo.

RAINER Und statt dessen mußte ich mir Onkel Herberts Frage anhören, wo denn eigentlich die ganzen Bilder seien, von denen ich ihm immer geschrieben hatte.

CLAUDIA Deine schönen Bilder…

134

RAINER … schön unsichtbar …

CLAUDIA Dafür zeichnete sich unsere Zukunft um so deutlicher ab …

RAINER … um so dunkler …

CLAUDIA … geradezu grauenhaft dunkel …

RAINER Sofortige Rückkehr nach Gießen, Eintritt in Onkel Herberts Firma für Büroartikel, Erlernung eines ordentlichen Berufs …

CLAUDIA … von der Pike auf.

RAINER Was heißt: in der Büroklammerabteilung, andernfalls Verstoßung, Testamentsänderung, Enterbung …

CLAUDIA Hör auf, Rainer. Hör auf. Ich kann diese bösen Worte einfach nicht mehr hören.

RAINER Und doch sind sie gefallen, hier an diesem Tisch.

CLAUDIA Diese bösen, bösen Worte …

RAINER Aus dem Munde eines so guten Onkels …

CLAUDIA Armer, armer –

RAINER *ihr ins Wort fallend.* Reich war er. Sehr reich.

CLAUDIA Und so kinderlos.

RAINER Er war wie ein Vater zu mir.

CLAUDIA Väter können so böse sein.

RAINER Und wir waren so gut zu ihm. Er hat geschimpft.

CLAUDIA Wir haben geschwiegen.

RAINER Er hat gedroht.

CLAUDIA Wir haben geschwiegen.

RAINER Er hat uns auf die linke Backe geschlagen.

CLAUDIA Wir haben ihm die rechte hingehalten.

RAINER Die reinsten Urchristen.

CLAUDIA Und er hält uns statt dessen das hier unter die Nase. *Sie nimmt den durchlöcherten Aktendeckel vom Tisch und hält ihn Rainer vor.*

RAINER Onkel Herberts Testament. Nicht einmal in der Stunde seines Todes hat er sich davon trennen wollen.

CLAUDIA Und nicht einmal das Leben hat es ihm gerettet ...

RAINER Armer – *Er unterbricht sich.* Ist es überhaupt noch lesbar mit all den Einschüssen?

CLAUDIA *blätternd* Das wichtigste ist stehengeblieben ... Hier! *Rainer schaut ebenfalls hinein. Beide lesen im Duett.* Zu meinem Universalerben bestimme ich meinen Neffen Rainer Grosser.

RAINER Das bin ich, Claudia! Aber wo ist das Beiblatt?

CLAUDIA Dieses böse, böse Beiblatt ...

RAINER Auf dem ich Onkel Herbert am Samstagabend schriftlich gegeben habe, daß ich binnen zwei Wochen in seine Firma ...

CLAUDIA In seine Gießener Firma ...

RAINER Eintreten werde, andernfalls das Testament in jedem Falle seine Gültigkeit verlöre ...

CLAUDIA Das schöne, schöne Testament.

RAINER Wo ist das Beiblatt? Wieso liegt es nicht dem Testament bei, das tun doch Beiblätter gewöhnlich!

CLAUDIA Es wird sich noch finden.

RAINER legt den Aktendeckel auf den Tisch zurück. Draußen fallen mehrere Schüsse.

CLAUDIA Diese unermüdlichen italienischen Jäger! Daß sie auch auf alles schießen müssen – *hebt den grünen,*

vielfach durchlöcherten Hut mit den langen Fasanen-
federn hoch –, sogar auf das hier!

RAINER Was wohl der Marchese dazu sagen wird. Sein
schöner Jägerhut.

CLAUDIA So schön war der gar nicht. Jedenfalls nicht,
bevor ich ihm die schönen Fasanenfedern drangesteckt
habe.

RAINER *auf den Fasan über dem Kamin weisend.* Der
schöne Fasan. Ich weiß gar nicht, wie ich dem Marchese erklären soll, wo die Schwanzfedern geblieben
sind.

CLAUDIA Sag ihm, es waren die Mäuse.

RAINER Und beim Hut?

CLAUDIA Die Motten.

RAINER Und beim Tarnanzug?

CLAUDIA Die Marder.

RAINER Und wenn er mir nicht glaubt?

CLAUDIA Dann sag ihm, er müsse mit Verlusten rechnen, wenn er möbliert vermietet.

RAINER Inklusive einem Kleiderschrank voller Jagd-
klamotten – was die wohl wieder alles kosten!

CLAUDIA Aber du bist doch jetzt reich!

RAINER *dumpf* Reich durch die Leich! Ich hätte Onkel
Herbert niemals gehen lassen dürfen.

CLAUDIA Aber er wollte doch gehen. Er wollte unbedingt Zigaretten holen.

RAINER Er war ein starker Raucher.

CLAUDIA Der arme, arme –

RAINER *unterbricht sie.* Ich hätte in den Ort fahren müssen, Zigaretten holen.

CLAUDIA Und er wollte etwas frische Luft schnappen,

137

nachdem du ihm von der Fiaschetteria la Luna erzählt hattest ...

RAINER Ich hätte ihm nicht sagen dürfen, daß es da Zigaretten gibt.

CLAUDIA Du hast es ihm aber gesagt.

RAINER Und er wollte gleich losstiefeln!

CLAUDIA Am ersten Tag der Jagd. Wir hätten Onkel Herbert nicht gehen lassen dürfen!

RAINER Einen Vorwurf zumindest müssen wir uns nicht machen. Wir haben ihn gewarnt.

CLAUDIA Wir haben ihm den blauen Blazer ausgeredet.

RAINER Da hätte ihn ein Jäger ja für eine Blauracke halten können.

CLAUDIA Wir haben ihm den Tarnanzug des Marchese aus dem Schrank geholt.

RAINER Und seine grünen Gummistiefel.

CLAUDIA Und seinen grünen Hut.

RAINER Dem du noch die schönen Fasanenschwanzfedern aufgesteckt hattest.

CLAUDIA Und so bekleidet, hätte Onkel Herbert nach menschlichem Ermessen doch nichts zustoßen dürfen.

RAINER Nicht auf dem Weg zur Fiaschetteria la Luna.

CLAUDIA Quer durchs Maisfeld.

RAINER Da war er doch praktisch unsichtbar, der Onkel.

CLAUDIA Zumal du ihm doch geraten hattest, das Maisfeld nach Möglichkeit geduckt zu passieren.

RAINER Weil doch gerade rund ums Maisfeld besonders viele Jäger zugange waren ...

CLAUDIA Vielleicht hätte da was passieren können, am ersten Jagdtag.

RAINER Aber es ist doch auch was passiert!

CLAUDIA Richtig. Am ersten Jagdtag. Warum nur, warum.

Draußen fallen mehrere Schüsse. Er hält den durchlöcherten Hut hoch.

RAINER Was machen wir damit?

CLAUDIA Anstecken.

Sie zeigt auf den Kamin. Er wirft den Hut ins Feuer. Er blickt auf den letzten verbliebenen Gegenstand auf dem Tisch, es ist das kinderfaustgroße Objekt.

RAINER Dem Onkel hätte nichts passieren dürfen! Nicht mit dieser Warnpfeife.

CLAUDIA Die zu benutzen du ihm noch so eindringlich ans Herz gelegt hattest.

RAINER Nachdem ich zufälligerweise im Jagdschrank des Marchese auf diese Schachtel gestoßen war.

CLAUDIA Glücklicherweise.

RAINER Diese Warnpfeifenschachtel.

CLAUDIA Warnpfeifen. Oder wie der Italiener sagt: Voci dei uccelli.

RAINER Hinterher ist man immer klüger. In der Eile hielt ich die Ansammlung von unterschiedlich geformten Instrumenten für Warnpfeifen.

CLAUDIA Der Erbonkel wollte ja auch unbedingt seine Zigaretten.

RAINER Und ich wollte ihm unbedingt eine Warnpfeife mit auf den Weg geben.

CLAUDIA Die sich dann leider als Vogelstimme entpuppen sollte.

RAINER Ja, leider, zudem noch als das Kollern des männlichen Fasans. *Er bläst auf dem Instrument. Es kollert.*

CLAUDIA Tragisch. Ein tragischer Unfall.

RAINER *hält das Instrument in die Höhe.* Ansteckend?

CLAUDIA *abwesend auf den Tisch blickend.* Da fehlt doch noch was!

RAINER Was denn?

CLAUDIA Als Onkel Herbert von uns fortging …

RAINER Für immer.

CLAUDIA Hatte er noch eine Umhängetasche bei sich.

RAINER Richtig! Die Jagdtasche des Marchese.

CLAUDIA Weil er doch noch Briefe einwerfen wollte.

RAINER Eigentlich war es ja nur einer.

CLAUDIA Du hattest Onkel Herbert gesagt, daß neben der Fiaschetteria ein Briefkasten sei.

RAINER Und du hattest ihm die kleine grüne Jagdtasche gegeben.

CLAUDIA Und Onkel Herbert hatte einen Brief hineingetan.

RAINER Unfrankiert.

CLAUDIA Aber in der Fiaschetteria gibt's ja Briefmarken, hast du ihm erzählt.

RAINER Und der Onkel stiefelt los und gerät auf dem Weg zum Briefkasten samt Brief in ein Bleibad …

CLAUDIA *aufschreiend* Beiblatt! Im Briefumschlag war das Beiblatt!

RAINER Mit meiner schriftlichen Verpflichtung, binnen zwei Wochen in Onkel Herberts Gießener Büroartikelfirma einzusteigen – wo ist die Tasche?!?

CLAUDIA Vielleicht noch im Karton? *Schaut nach, schüttelt den Kopf.*

RAINER Nein? *dumpf* Und was, wenn die Carabinieri die Tasche noch haben? Was, wenn sie den Brief finden? Was, wenn sie ihn aus lauter Pietät abschicken?

CLAUDIA Aber er war doch noch unfrankiert, Rainer!

RAINER Was, wenn sie ihn frankieren? Was, wenn er den Notar in Gießen erreicht, von dem Onkel Herbert uns so viel erzählt hat? Was, wenn … *Es klopft. Er schaut gehetzt auf seine Rechte, die immer noch das Pfeifobjekt umschlossen hält.*

CLAUDIA Ansteckend.

Er wirft das Objekt in den Kamin und öffnet die Tür. Der Carabiniere tritt mit einer Plastiktüte ein, deren Inhalt besagte Jagdtasche ist.

CARABINIERE Mi dispiace tanto! Ma avevo dimenticato di restituirle questi pochi oggetti personali del suo defunto zio. Non so perchè non faceva parte della busta. L'ho trovato in macchina! Chiedo scusa! Ecco! *Er überreicht Rainer die Plastiktasche und geht grüßend.*

CLAUDIA Da ist die Tasche!

RAINER *holt sie aus der Plastiktüte. Sie ist durch und durch durchlöchert.*

CLAUDIA Und wo ist der Brief?

RAINER *holt einen ebenso durchlöcherten Brief heraus. Hält ihn gegen das Licht, versucht dann, die Anschrift zu*

lesen. An … Das heißt wohl An … ar, könnte Notar
bedeuten … ieße … meint sicher Gießen. Aber mania
… was bedeutet mania?

CLAUDIA Heißt mania nicht Manie oder Wahn?

RAINER Aber so was schreibt man doch nicht auf einen
Brief. Wer schreibt denn »Wahn« auf seinen Brief?

CLAUDIA Das kann eigentlich nur jemand tun, der
selber wahnsinnig ist.

RAINER So wahnsinnig, daß er seinen Neffen partout
aus dem schönen Italia ins naßkalte Germania zurück-
pfeifen wollte …

CLAUDIA *lachend* Ger-mania.

RAINER *ebenfalls lachend, die Tasche hochhaltend.*
Ansteckend?

CLAUDIA Hochansteckend!

Er wirft Brief und Tasche ins Kaminfeuer. Sie greift nach
den Champagnergläsern, schenkt ein und reicht Rainer ein
Glas.

CLAUDIA Auf Italien!

RAINER Alla Toscana. *Ein Schuß.*

CLAUDIA Und auf die schrecklichen, so schrecklich treffsicheren toskanischen Jäger! *Sie stoßen an. Draußen ver-
ebben die Schüsse.*

Dann sitzen sie noch lange, starren ins Kaminfeuer und hängen ihren Gedanken nach, bis ein Gedanke bei Rainer hängen bleibt: »Claudia – was hältst du davon, wenn ich dem
Marchese vorschlage, dieses ganze Gemäuer zu kaufen?«

»Aber das kostet doch ein Vermögen, Rainer!«

»Dafür werden schon all die Gießener Büroklammernbieger sorgen, Claudia!«

Lachend stoßen sie erneut an.

»Auf Onkel Herbert! Auf meine so braven wie fleißigen
Gießener Büroklammernbieger!«

Ein Weihnachtsessen

In memoriam Anne Bärenz

Denken wir uns einen Weihnachtsabend in einer hessischen Finanzmetropole zu Beginn des dritten Jahrtausends. Markt und Straßen sind längst verlassen, dafür ist es in vielen erleuchteten Wohnungen rund um den Holzhausenpark um so voller, da das altehrwürdige Fest gewohnheitsgemäß auch jene Kreise zu feiernder Runde vereint, die mit Anlaß und Inhalt wenig anzufangen wissen. Um so sorgfältiger achten sie daher auf Formen, und darin tut sich die Gruppe, der wir für kurze Zeit Gesellschaft leisten wollen, ohne Frage besonders hervor.

Wie bereits in den vergangenen Jahren haben die sechs geladenen Gäste zusammen mit den Gastgebern Bescherung und gemeinsames Weihnachtsliedersingen hinter sich gebracht, nun nehmen sie in bunter Reihe an der festlich gedeckten Tafel Platz, die Therapeutin neben dem Juristen, die Lehrerin neben dem Arzt, die Redakteurin neben dem Dichter, während die Gastgeber, Musiker alle beide, zwischen Küche und Eßraum hin und her eilen, um alle Anwesenden mit der Vorspeise, einer Lachsmousse auf Rucolasalat und Getränken, Mineralwasser resp. Moselriesling, zu versorgen.

Doch auch diese Geschäftigkeit nimmt einmal ein Ende, und als alle den ersten Hunger gestillt, den ersten Durst gelöscht und die ersten Komplimente und Trinksprüche getätigt haben, kann das Gespräch jenen so ungeplant wie unangestrengt mäandernden Weg nehmen, der nach Strecken

145

angeheiterter Belanglosigkeit unversehens durch fruchtbares Gelände seinen Weg zu nehmen so lange in der Lage ist, bis der Gesprächsfluß abrupt wieder so dahinplätschert, als ob nichts geschehen wäre. Und was war denn auch groß geschehen?

Da hatte der Arzt zuerst die gute Vorspeise der Gastgeberin gelobt, worauf sie der Jurist für ihr gutes, die Weihnachtslieder begleitendes Klavierspiel pries und der Dichter noch einen draufzusatteln suchte, indem er behauptete, sie sei überhaupt ein rundum guter Mensch.

Dazu nun konnte die Redakteurin ein Gedicht des späten Gottfried Benn beisteuern, »Menschen getroffen«, das sie auswendig wußte bis hin zu den, wie sie meinte, doch auf die Gastgeberin äußerst passenden Schlußzeilen: »Ich habe mich oft gefragt und keine Antwort gefunden, woher das Sanfte und das Gute kommt, weiß es auch heute nicht und muß nun gehn.«

»Aber bitte nicht vor der Hauptspeise!« rief die Gastgeberin aus und fügte hinzu, in diesen sanften und guten Geschöpfen würde sie sich ums Verrecken nicht wiedererkennen, sie sei vielmehr ein Leben lang um ihren schlechten Ruf besorgt gewesen –, worauf sie sich wegen wichtiger Vorbereitungen entschuldigte und in die Küche enteilte.

Für eine kurze Weile machte sich besinnliches Schweigen breit, das die Lehrerin mit der Feststellung endete, der Benn habe da doch einen sehr ungewöhnlichen, ja ungewöhnlich kühnen Gedanken geäußert.

»Inwiefern?« wollte der Jurist wissen.

Insofern, als er die alte Kinderfrage Wie kommt das Böse in die Welt? umgedreht und in Erfahrung zu bringen versucht habe, woher das Gute komme. Das absolut Gute, wohlgemerkt. Das Gute ohne Vorbedingung, ohne Berechnung, ohne Hoffnung auf Belohnung.

»Das instinktive Gute?« fragte der Musiker und schüttelte zweifelnd den Kopf. Was ja auf einen instinktgeleiteten Altruismus hinauslaufe, fuhr er fort. Während er sich lediglich einen interessegeleiteten Egoismus vorstellen könne.

Dem wurde widersprochen. Beispiele von Aufopferung und Heldenmut wurden angeführt. »John Maynard war unser Steuermann«, zitierte die Redakteurin, der auch diese Ballade geläufig war, Theodor Fontanes Epitaph für den tapferen Steuermann, der mit den dankbaren, von Überlebenshand mit goldener Schrift in Marmorstein gemeißelten Worten endet:

»Hier ruht John Maynard! In Qualen und Brand
Hielt er das Steuer fest in der Hand.
Er hat uns gerettet, er trägt die Kron',
Er starb für uns, unsre Liebe sein Lohn.
John Maynard.«

Das sei, gab der Musiker zu bedenken, zum einen Literatur, also sowohl unüberprüfbar wie auch auf Wirkung hin verfasst, zum anderen aber erinnere ihn das Gedicht an all jene Opfertode in der Nachfolge Jesu. Der jedoch habe keineswegs instinktiv nach dem Kreuz verlangt, vielmehr den ihn opfernden Gottvater darum gebeten, diesen Kelch an ihm vorübergehen zu lassen.

»Und doch gibt es so etwas wie instinktive Aufopferung«, ließ sich da der Jurist vernehmen und fügte hinzu, er würde dergleichen nicht zum besten geben, wenn es ihm nicht selber widerfahren wäre.

»Willst du damit etwa sagen, jemand habe sich für dich aufopfern wollen?« fragte die Therapeutin ungläubig.

»Im Gegenteil«, konterte der Jurist. »Ich war bereit mich aufzuopfern, und das ohne die geringste Bedenkzeit.«

Daß er sich deutlicher ausdrücken solle, wurde verlangt, worauf der Jurist sich nicht lange bitten ließ: »Es war in Westberlin, kurz nach dem Bau der Mauer. Ich studierte damals an der Freien Universität und bekam Besuch von meinem jüngeren Bruder. Der wollte natürlich etwas von den weltbewegenden Veränderungen der nun endgültig geteilten Stadt sehen, also führte ich ihn, es dunkelte bereits, zu einem Mauerabschnitt, an welchem die Bauarbeiten noch in vollem Gange waren, beleuchtet von den Scheinwerfern nervöser Vopos, die bereits auf die Blitzlichter westlicher Fotografen gereizt reagierten und die ihre Waffen ostentativ in Anschlag hielten. Da geschah es, daß ein bodenlos leichtsinniger Beobachter auf Westberliner Seite unversehens eine Leuchtpatrone abfeuerte – ob in Richtung der wachsenden Mauer oder ganz einfach in die Luft, das erinnere ich nicht mehr. Aber das weiß ich noch: Daß ich, der Kriegsunerfahrene, instinktiv das tat, was auch einem kampferprobten Haudegen in Anwesenheit eines jüngeren Kameraden gut angestanden hätte: Ich riß das Brüderchen zu Boden, deckte es mit meinem Körper und hieß es erst wieder aufstehen, als ich nach sorgfältiger Prüfung und längerem Abwarten sichergehen konnte, daß der Schuß auf Westberliner Seite keine Ostberliner Schüsse zur Folge haben würde.«

Der Jurist schwieg, dafür wurde es in der Runde um so lauter. Das müsse man gelten lassen, räumte der Musiker ein.

»Warum in die Ferne schweifen, sieh, der Gute sitzt so nah«, frotzelte die Redakteurin.

Sie sehe den Juristen jetzt mit ganz anderen Augen, rief die Therapeutin aus, sie müsse sich freilich fragen, fügte sie lachend hinzu, ob der jüngere Bruder diesen Rettungsversuch des sich auf ihn werfenden Älteren denn unversehrt überstanden habe – womit sie auf die unübersehbare Körperfülle des Erzählers anspielte. Der wollte gerade zu einer erklärenden Erwiderung ansetzen, als die Gastgeberin den Festbraten hereintrug und Verteilung, Begutachtung, Vertilgung und Belobigung sämtliche Energien banden.

Dann aber, als alles gesagt zu sein schien, meldete sich der Dichter zu Wort. Angesichts dieses vorzüglichen Wildschweinbratens und eingedenk der zuvor geführten Debatte über das instinktiv ausgeführte Gute bzw. Richtige könne er einen Brückenschlag zwischen den beiden scheinbar so weit auseinanderliegenden Themen leisten.

»Wie das, wenn man fragen darf?« wollte die Gastgeberin wissen.

»Das werde ich sogleich unter Beweis zu stellen versuchen«, antwortete der Dichter und begann: »Uns beiden«, er wies auf die ihm gegenüber sitzende Lehrerin, »meiner Frau und mir also war einmal eine Tierbegegnung von geradezu existenzieller Bedeutung beschieden, – auf jeden Fall, davon bin ich überzeugt, stand für einen Augenblick die Existenz unserer damals noch zarten Beziehung auf dem Spiel. Hätte ich damals anders reagiert« … Der Dichter schien nach Worten zu suchen »… Hätte ich nicht instinktiv das Richtige getan … ja, instinktiv, da keinerlei Zeit zum Überlegen blieb – ich weiß nicht, ob wir heute noch zusammen wären.«

Wie fragend schaute der Dichter auf seine Frau, wie gebannt blickten die Gäste auf den Erzähler, der den Faden wieder aufnahm: »Es ist nun schon gut fünfzehn Jahre her. Wir, Lena und ich, kannten einander noch nicht lange, als wir an einem Sonntagnachmittag über den Kühkopf wanderten, jenes Naturschutzgebiet zwischen dem Rhein und einem der raren noch erhaltenen Altrheinarme. Wir gingen, was eigentlich untersagt war, querfeldein, teils um der Natur näher zu sein, teils um uns näher zu kommen, und da geschah es. Als wir auf eine abgeschiedene Lichtung traten, da sahen wir uns unversehens einer Gruppe von Ureinwohnern gegenüber, einer Wildschweinrotte, die, angeführt von einem mächtigen Keiler, just in diesem Moment ebenfalls dabei war, das bergende Dickicht zu verlassen.

Die wilden Schweine wahrnehmen – den Keiler, eine Bache sowie mehrere Jungschweine – und handeln war für mich eins, und glücklicherweise tat ich das Richtige, das, was sich seit Ur- und Höhlenzeiten für einen Mann ziemt: Ich trat einen Schritt vor, indes ich zugleich mit einer Bewegung des rechten Armes Lena dazu veranlaßte, sich hinter meinem schützenden Körper zu postieren. So, meine Begleiterin im Rücken und meine mäßig breite Brust dem Keiler entgegengereckt, verharrte ich.«

»Und?« verlangten die Zuhörer zu wissen. »Und weiter?«

»Qualvoll lang erscheinende Momente des Wartens vergingen«, fuhr der Dichter fort, »Augenblicke, in welchen mir Geschichten von der Gefährlichkeit dieser Tiere bei für sie unverhofften und scheinbar aussichtslosen Begegnungen durch den Kopf schossen – doch dann ereignete sich urplötzlich etwas, was mir alle Furcht nahm.«

»Was denn?«

Der Dichter straffte sich, dann fuhr er, den rechten Arm anhebend, fort: »Es geschah etwas ebenso Unerwartetes wie Anrührendes: Der Keiler tat es mir gleich. Mit einer energischen Bewegung seines rechten Vorderhufs« – der Dichter vollzog eine halbrunde Armbewegung –, »schob er die Bache schützend hinter sich, indes er sein mächtiges Haupt stolz in meine Richtung reckte ... So war es doch, nicht wahr?«

»Genau so war es«, sprang ihm Lena bei, wohl begreifend, daß es nun an ihr war, sich schützend vor seine Geschichte zu stellen: »Die beiden erkannten einander als Geistesverwandte.«

»Was naturgemäß jeder Furcht den Boden entzog«, fuhr der Dichter mit kaum merklicher Erleichterung fort, »im Gegenteil...«

Wieder schien er nach Worten zu suchen, schließlich brach eine hilfreiche Zuhörerin das Schweigen: »Wie ging das Treffen denn nun aus?«

»Wie zu erwarten. Jeder von uns trat den geordneten Rückzug an, ein jeglicher in sein bergendes Dickicht und im Hochgefühl, wenigstens einmal im Leben das Herz auf dem rechten Fleck getragen zu haben...«

»Jawohl«, sprang Lena ein weiteres und letztes Mal bei, da zeitgleich das Orangenparfait aufgetragen und die Aufmerksamkeit der Zuhörer abgelenkt wurde: »Jawohl, genau so war es.«

Irrtum, Irrtum, Irrtum

Denken wir uns die Zeit, so bedenken wir naturgemäß, wie rasch sie verfliegt. Und richtig! Schon wieder ist ein Monat vergangen, schon wieder schreiben wir den ersten Dienstag, schon wieder trifft sich die Abendrunde der Herren Anders, Bernstorff und Claudius, um sich ein weiteres Mal einer selbst gestellten Aufgabe im Dreischritt zu nähern, womit es diesmal freilich nicht seine Bewandtnis haben soll. Denn wieder einmal haben die Gesprächsteilnehmer einen Wettbewerb angesetzt: Jeder der drei solle doch bitte etwas zum Thema »Irrtümer« beisteuern, hatten sie beschlossen, und mit »Irrtümern« keineswegs eigene, vernachlässigbare Irrtümer gemeint, sondern die großen, folgenreichen Verirrungen großer Geister; ein Vorhaben, dessen Vorbereitung Zeit brauchte.

Doch nun hatte jedweder signalisiert, er sei fündig geworden. Begleiten wir die Herren also in Bernstorffs von ihm so tituliertes »Studio«, lassen wir sie rund um den Tisch Platz nehmen, gewichtige Bücher ablegen, mit einem Willkommenstrunk anstoßen, den zentral zelebrierten Preis – eine Magnumflasche eines raren Caberlot, des Spitzenweins aus dem Aretino – begutachten und beloben, und folgen wir ein letztes Mal dem Wettstreit der drei, welcher damit beginnt, daß mit Hilfe dreier verdeckt gehaltener Streichhölzer, davon eines verkürzt, derjenige ermittelt wird, der zuerst das Wort ergreifen soll. Dieses Los trifft Claudius, der denn auch sogleich in den Ring steigt: »Soeben habe ich den Kürzeren gezogen, im Gegenzug will ich euch in die Tiefen der Erdgeschichte und in die Weiten des Weltraumes entführen. Dies hier«, er deutet auf ein rotleinenes Buch, »wird mir und euch dabei als Reiseführer dienen, sein Titel lautet ›Weltwenden‹, sein Autor Hanns Fischer, sein Erscheinungsdatum 1924, 4. Auflage 1928.

Hanns Fischer ist ein Eingeweihter und zugleich ein Jünger, Sprachrohr eines Weltweisen, des Schöpfers der ›Welteislehre‹, von Hanns Hörbiger. Eine ›gewaltige Lehre‹, nennt Fischer sie, eine Weltanschauung, deren bahnbrechende Gedanken Einblicke in die tiefsten Tiefen ferner Vergangenheit zulassen. Und zum anderen, schwerwiegender für uns noch, Erkenntnisse, die aus der möglich gewordenen Voraussicht in kommende Schicksalswenden fließen werden.

Daß die Erde im Laufe der Jahrmillionen nicht nur einen, sondern mehrere Monde eingefangen habe, lehrt Hörbiger, daß all diese Monde mit der Konsequenz schrecklichster Flutwellen und anderen Katastrophen auf die Erde gestürzt seien, daß friedliche, mondlose Zeiten der Menschheit so etwas wie ein Paradies beschert hätten, daß wir aber nun wieder in einer Mondphase lebten, weshalb die nächste Katastrophe bereits garantiert sei – ein durchgehend interplanetarisch getöntes Unglücksszenario, das möglicherweise all das adeln, beziehungsweise in den Schatten stellen soll, was Europa zum Jahrhundertbeginn so an menschlich allzumenschlichen Katastrophen beschert bekommen hatte.«

Claudius schwieg besinnlich, doch die anderen wollten es wissen: »Und worin liegt nun der Irrtum?«

»Er findet sich bereits auf Seite 27 des 264 Seiten starken Bandes, und er lautet, auf Hörbiger bezogen, in Fischers Worten: ›Hieroglyphenschicksal! Hörbiger hielt den Schlüssel in seinen Händen mit der grundlegenden Erkenntnis, welche ihm Aufschluß gab über die Entstehung unserer Sonnenwelt, mit ihren Wandersternen, ihren beiden Milchstraßen, ihren im Raume nach bestimmten Gesetzen ziehenden Eisstücken, den Kometen und Sternschnuppen und den aus Gesteinen und Metall bestehenden Meteoren; einer Erkenntnis, die in nichts anderem sich äußerte als in der beweisbaren Tatsache, daß die Oberfläche unseres Mondes aus Eis bestehe, daß also dieser Stern überdeckt ist von einem uferlosen Eisozean.

Und diese Feststellung genügt, um auch die Dunkelheiten der Flutsagen aufzuhellen mit all den unerwarteten Weiterungen, die sich uns ergeben werden.‹«

»Fanatikerschicksal«, setzte Claudius hinzu und freute sich des schadenfrohen Lachens der Freunde – hatten doch amerikanische Mondbesucher sich nicht gerade über rutschiges Mondgelände beklagen müssen.

»Und was wurde aus der ›Welteislehre‹?« wollte Anders wissen.

»Wenn ich recht unterrichtet bin«, sagte Claudius, »hingen noch einige verstockte Nazis ihr an. Nach dem 2. Weltkrieg muß sie mit dem Mondeis zusammengeschmolzen und gänzlich verschwunden sein.«

»Nicht schade drum«, befand Bernstorff. »Und? Who is next?«

Da meldete sich Anders, um damit zu beginnen, daß es nun um einen Größeren und Dauerhafteren gehen werde, als es der Hörbiger gewesen sei: Er werde einen Irrtum des Sigmund Freud etwas auseinandernehmen müssen.

»Immerzu!« wird ihm zugerufen, und Anders begann: »1910 veröffentlichte Freud seine Studie ›Eine Kindheitserinnerung des Leonardo da Vinci‹, die er später ›die einzige hübsche Sache‹ genannt hat, die er je geschrieben habe. Und diese Studie hat es in sich, basiert sie doch weitgehend auf einem kleinen, aber sich ausweitenden fatalen Irrtum. Ein einziges Mal habe Leonardo da Vinci in seinen wissenschaftlichen Schriften eine Mitteilung aus seiner Kindheit eingestreut, schreibt Freud und zitiert: ›An einer Stelle, die vom Fluge des Geiers handelt, unterbricht er sich plötzlich, um einer in ihm auftauchenden Erinnerung aus sehr frühen Jahren zu folgen. ›Es scheint mir, daß es mir schon vorherbestimmt war, mich so gründlich mit dem Geier zu befassen, denn es kommt mir als eine ganz frühe Erinnerung in den Sinn, als ich noch in der Wiege lag, ist ein Geier zu mir herabgekommen, hat mir den Mund mit seinem Schwanz geöffnet und viele Male mit diesem seinen Schwanz gegen meine Lippen gestoßen.‹‹ Eine Mitteilung, die Freud drei Wege einschlagen läßt: Ist das wirklich bereits dem Baby passiert? Nicht erst dem Heranwachsenden? Handelt es sich nicht eindeutig um eine oral-erotische Phantasie, homosexuell dadurch getönt, daß dem Knaben ein Schwanz – Coda – in den Mund geschoben wird? Und schließlich: Was hat es mit dem Geier auf sich? Woher rührt der Geier, wie kommt er an diese Stelle? Nun, befindet Freud, der Geier sei bei den alten Ägyptern das Symbol der Mütterlichkeit gewesen. Um das zu belegen, aktiviert Freud seine ganzen antiken Geierkenntnisse, und die haben es in sich: ›Nun war die Religion und Kultur der Ägypter bereits den Griechen und Römern Gegenstand wissenschaftlicher Neugierde, und lange, ehe wir selbst die Denkmäler Ägyptens lesen konnten, standen uns einzelne Mitteilungen darüber aus erhaltenen Schriften des klassischen Altertums zu Gebote, Schriften, die teils von bekannten Autoren herrühren, wie

156

Strabo, Plutarch, Aminianus Marcellus, teils unbekannte Namen tragen und unsicher in ihrer Herkunft und Abfassungszeit sind wie die Hieroglyphica des Horapollo Nilus und das unter dem Götternamen des Hermes Trismegistos überlieferte Buch orientalischer Priesterweisheit. Aus diesen Quellen erfahren wir, daß der Geier als Symbol der Mütterlichkeit galt, weil man glaubte, es gäbe nur weibliche Geier und keine männlichen von dieser Vogelart ... Wie sollte nun die Befruchtung der Geier vor sich gehen, wenn sie alle nur Weibchen waren? Darüber gibt eine Stelle des Horapollo guten Aufschluß. Zu einer gewissen Zeit halten diese Vögel im Fluge inne, öffnen ihre Scheide und empfangen vom Winde.‹ Sodann stellt Freud die naheliegende Frage, ob Leonardo da Vinci etwas von diesem Geiermärchen gekannt haben könne. Für Freud ist das keine Frage. Leonardo war ein Vielleser, dessen Interesse alle Gebiete der Literatur und des Wissens umfaßte. ›Wenn wir nun weitergehen, stoßen wir auf eine Nachricht, welche die Wahrscheinlichkeit, Leonardo habe das Geiermärchen gekannt, zur Sicherheit steigern kann. Der gelehrte Herausgeber und Kommentator des Horapollo bemerkt zu dem bereits zitierten Text, daß die Kirchenväter das Geiermärchen übernommen hätten, aus einleuchtendem Grunde: Also die Fabel von der Eingeschlechtlichkeit und der Empfängnis der Geier war keineswegs eine indifferente Anekdote geblieben ...; die Kirchenväter hatten sich ihrer bemächtigt, um gegen die Zweifler an der heiligen Geschichte ein Argument aus der Naturgeschichte zur Hand zu haben. Wenn nach den besten Nachrichten aus dem Altertum die Geier darauf angewiesen waren, sich vom Winde befruchten zu lassen, warum sollte nicht auch einmal das gleiche mit einem menschlichen Weibe vorgegangen sein? Dieser Ver-

wertbarkeit wegen pflegten die Kirchenväter ,fast alle' die Gei-
erfabel zu erzählen, und nun kann es kaum zweifelhaft sein,
daß sie durch so mächtige Patronanz auch Leonardo bekannt
geworden ist.

Die Entstehung der Geierphantasie Leonardos können wir
uns nun in folgender Weise vorstellen. Als er einmal bei
einem Kirchenvater oder in einem naturwissenschaftlichen
Buche davon las, die Geier seien alle Weibchen und wüßten
sich ohne Mithilfe von Männchen fortzupflanzen, da tauchte
in ihm eine Erinnerung auf, die sich zu jener Phantasie umge-
staltete, die aber besagen wollte, er sei ja auch so ein Geierkind gewesen, das eine Mutter, aber keinen Vater gehabt
habe, und dazu gesellte sich in der Art, wie so alte Eindrücke
sich allein äußern können, ein Nachhall des Genusses, der
ihm an der Mutterbrust zuteil geworden war.‹

Und Freud folgert: ›Wenn es richtig ist, daß die unver-
ständlichen Kindheitserinnerungen und die auf sie gebauten
Phantasien eines Menschen stets das Wichtigste aus seiner see-
lischen Entwicklung herausheben, so muß die durch die Geierphantasie erhärtete Tatsache, daß Leonardo seine ersten
Lebensjahre allein mit der Mutter verbracht hat, von entschei-
dendstem Einfluß auf die Gestaltung seines inneren Lebens
gewesen sein. Unter den Wirkungen dieser Konstellation
kann es nicht gefehlt haben, daß das Kind, welches in seinem
jungen Leben ein Problem mehr vorfand als andere Kinder,
mit besonderer Leidenschaft über diese Rätsel zu grübeln
begann und so frühzeitig ein Forscher wurde, den die großen
Fragen quälten, woher die Kinder kommen und was der
Vater mit ihrer Entstehung zu tun habe. Die Ahnung dieses
Zusammenhanges zwischen seiner Forschung und seiner
Kindheitsgeschichte hat ihm dann später den Ausruf ent-

lockt, ihm sei es wohl von jeher bestimmt gewesen, sich in das Problem des Vogelfluges zu vertiefen, da er schon in der Wiege von einem Geier heimgesucht worden war. Die Wißbegierde, die sich auf den Vogelflug richtete, von der infantilen Sexualforschung abzuleiten wird eine spätere, unschwer zu erledigende Aufgabe sein.‹«

»Und wo liegt denn nun der Irrtum?« fragte Claudius, vermutlich in der Hoffnung, der werde nicht so gravierend sein, nicht so schwerwiegend zumindest wie seiner.

Doch er mußte mit ansehen, wie Bernstorff nach einem großen, schweren, blauen Buch griff, K. R. Eissler, »Leonardo da Vinci, Psychoanalytische Notizen zu einem Rätsel«, es öffnete und aus dem ersten Kapitel, überschrieben »Die Kindheitserinnerung«, zu lesen begann: »›Die Kindheitserinnerung, auf der Freud seine Rekonstruktionen und Interpretationen aufbaute, wurde von Leonardo auf der Rückseite eines Blattes notiert, auf dessen Vorderseite sich Beobachtungen zum Flug verschiedener Vogelarten, insbesondere des Milans, finden. Leonardo schreibt:

Daß ich so genau über die Gabelweihe schreiben muß, scheint mein Schicksal zu sein, denn meine erste Erinnerung an meine Kindheit ist: als ich in der Wiege lag, war es mir, als wäre eine Gabelweihe zu mir gekommen und hätte mir mit ihrem Schwanz den Mund geöffnet und mir mit diesem Schwanz vielmals auf die Innenseite der Lippen geschlagen.

Aufgrund zahlreicher ähnlicher Aussagen, die er von seinen Patienten gehört hatte, kam Freud zu dem Schluß, daß sich diese Erinnerung auf die frühe orale Phase des Kindes beziehen müsse und daß der Vogelschwanz einen Ersatz für die Mutterbrust darstelle. Es schien Freud wichtig zu erklären, warum Leonardo gerade diesen bestimmten Vogeltyp gewählt hat. Dabei aber geschah etwas in Freuds Schriften Seltenes, das verhängnisvolle Folgen hatte. In den deutschen Übersetzungen von Leonardos ›Aufzeichnungen‹ wurde das italienische Wort *nibbio*, das ‚Gabelweihe‘ oder ‚Milan‘ bedeutet, mit ‚Geier‘ übersetzt.‹«

»Nix Geier?« fragte Bernstorff perplex.

»Ganz und gar nix«, bestätigte Anders. »Was auch meint, keine Geiermutter, kein Geierkind, keine Mutterbrustgenüsse – all die ägyptischen Geiermärchen haben lediglich freudianische zur Folge gehabt. Ins Milanische nämlich läßt sich das alles nicht übersetzen.«

»Da hat der Freud also mal Pech gehabt«, schloß Bernstorff die, wie er sie nannte, hochinteressante Recherche des Freundes ab, da er ja auch noch sein Scherflein beizutragen habe. Aber ob er die beiden Vorgänger werde toppen können?

Nach Lage der Dinge mußte auch er ein gewichtiges Buch ins Spiel bringen, die »Grundlagen der marxistischen Philosophie«, Zusatz: »Lehrbuch«.

»Das Buch erschien 1966 im Dietz Verlag, ich kaufte es in Ostberlin. Es folgt der zweiten, überarbeiteten russischen Ausgabe, die wohl auf das Jahr 1959 zurückgeht. Und es trumpft gleich zu Beginn mit einer Wahrheit auf: ›Der Marxismus-Leninismus, als eine sich schöpferisch entwickelnde Lehre, hat noch nie einen solchen Triumph erlebt wie in unserer historischen Epoche. Das gilt auch für die marxistische philosophische Weltanschauung.

Worin liegt nun das ‚Geheimnis‘ dieser unerschöpflichen Lebenskraft des Marxismus? Lenin hat eine kurze, aber erschöpfende Antwort auf diese Frage gegeben:

‚Die Lehre von Marx ist allmächtig, weil sie wahr ist.‘

Die Richtigkeit des dialektischen und historischen Materialismus wie des Marxismus-Leninismus in seiner Gesamtheit wird durch die welthistorische Praxis des siegreichen Kampfes der Arbeiterklasse für den Sozialismus unwiderlegbar bewiesen.‹

Ein Kampf, der freilich historischer Voraussetzungen bedarf. ›Die erste Schlacht der Arbeiterklasse um den Sozialismus, die Pariser Kommune 1871, wurde von der ‚humanen‘ Bourgeoisie blutig niedergeschlagen. Solange die objektiven und subjektiven Voraussetzungen der sozialistischen Revolution nicht herangereift sind, kann sie selbst von solchen Riesen des Denkens und der revolutionären Tat wie Marx nicht hervorgerufen werden. Wenn jedoch diese Voraussetzungen herangereift sind, kann nichts den Sieg der Ideen des Sozialismus verhindern. Die sozialistischen Ideen werden, wenn sie den Geist von Millionen erobert haben, zu einer unüberwindlichen Kraft.‹

Eine Kraft, die Leistung schafft: ›Im Sozialismus bestehen die Bedingungen für eine raschere Entwicklung der Technik, da die werktätigen Massen als Herren der Produktion an der weitestgehenden Verwendung von Maschinen interessiert sind, durch die nicht nur die Arbeitsproduktivität erhöht, sondern auch die Arbeit der Menschen erleichtert wird. Die sozialistische Produktionsweise befreit die Entwicklung der Technik von den Hindernissen und Widersprüchen, die durch das kapitalistische Wirtschaftssystem hervorgerufen werden.‹

Dafür, daß das alles seinen geregelten Gang geht, sorgt die Partei: ›Die Partei stützt sich auf die Vorzüge und Errungenschaften der sozialistischen Ordnung und bestimmt bewußt, nach einem vorher ausgearbeiteten Plan für viele Jahre im vor-

aus das Wachstum der Produktion und des materiellen Wohl-
stands des Volkes, die Veränderung der Eigentumsformen
und die Vervollkommnung der gesellschaftlichen Verhältnis-
se, die Perspektiven für die Entwicklung der Kultur und Wissenschaft, die Wege, auf denen sich der neue Mensch heraus-
bildet.‹« Nun gönnte sich Bernstorff eine Pause, einen
Schluck Wein, und glaubte den Freunden gegenüber eine
Entschuldigung dafür geben zu müssen, daß er sie mit soviel
abstrakter Historie habe eindecken müssen. »Aber erst vor dieser Folie wird grausam klar, wie der Umschlag in konkrete
Zukunftsvoraussagung dazu führt, daß von den schönen frü-
heren Worten so gar nichts übrigbleibt. Da prognostiziert das
Lehrbuch zunächst einen Schritt vom Sozialismus zum Kommunismus und nennt fatalerweise auch ein Zeitlimit: ›Die
ökonomische Hauptaufgabe der Partei und des Sowjetvolkes
besteht darin, im Verlauf zweier Jahrzehnte die *materiell-tech-
nische Basis des Kommunismus* zu schaffen.‹ Sodann malt das
Lehrbuch die segensreichen Folgen solchen Tuns an eine
Wand, an der schon mal ›Mene mene tekel‹ gestanden haben
mag: ›Wenn diese Aufgabe gelöst ist, wird die UdSSR über
beispiellos mächtige Produktionskräfte verfügen und in der
Pro-Kopf-Produktion den ersten Platz in der Welt einnehmen.‹

Was sie in Wirklichkeit eingenommen haben«, präzisierte
Bernstorff, »dessen können wir uns noch gut erinnern: Zu
Beginn der 80er Jahre begann das rote Riesenreich zu brö-
ckeln, 1989 fiel die Mauer, zugleich wurden Hilfslieferungen
für das hungernde Rußland organisiert – da noch von Irrtum
zu reden …« Bernstorff schwieg, doch Claudius meldete sich
zu Wort: »Wo hat dieser Irrtum wohl seinen Anfang genommen – bereits bei Marx?«

Darauf wollte sich Claudius nicht einlassen. Da müsse er noch mal ins Kommunistische Manifest schauen, von dem ihm vor allem in Erinnerung geblieben sei, wie Marx den Ist-Zustand der bürgerlichen Gesellschaft seiner Zeit, die Zerstörung aller menschlichen Beziehungen durch den Kapitalismus zutreffend und dessen Zukunft geradezu prophetisch beschreibe: »Die damals bereits einsetzende Globalisierung des Welthandels und die katastrophalen Folgen für Nationalwirtschaften bis hinunter zum betroffenen Individuum und dessen Lebensplan. Aber genug der Darstellung. Kommen wir zur Feststellung: Wer von uns hat denn nun den größtmöglichen Irrtum auf den Tisch legen können?«

Langes Seufzen der beiden Freunde: Daß das nicht ad hoc entschieden werden könne. Daß man sich da zunächst mit Hilfe von Zetteln einer Lösung werde annähern müssen. Daß sich alle zunächst am besten gar nichts mitteilen sollten, um zu einem objektiven Entscheid zu kommen ...

Anders, das Zögern der Freunde wohl bemerkend, sah sich gezwungen, letztes Geschütz aufzufahren: »Meine Herren, sputen Sie sich! Sie werden eine Dame doch nicht unmäßig lange warten lassen?«

»Dame? Welche Dame denn?«

»Die hier.« Und dann läßt er die Hand anzüglich über ihre Flanke abgleiten: »Seniora Magnum di Caberlot, vom Weingut Rogosky, sprich Carnasciale, dem meistgepriesenen Wein des Aretino. Sie wüßte gern, wem sie versprochen – bewegt also die alten Knochen!«

Und endlich machten sich die drei daran, den von ihnen aufgetischten größtmöglichen Irrtum herauszufinden. Was freilich nicht bedeutet, daß wir den auch Ihnen, liebe Leserin, lieber Leser, ebenfalls brühwarm servieren werden: Irrtum! Ein wenig müssen Sie schon selber miträtseln und mitdenken. Denken wir uns also drei Irrtümer...

Frauchen gesucht

Denken wir uns ein Paar. Nennen wir die beiden Axel und Bettina. Lassen wir ihn Deutsch unterrichten und sie Bibliothekarin sein. Unterstellen wir ihnen ferner eine tiefverwurzelte Zuneigung zum guten Buch und zum lieben Tier, so wird es uns nicht verwundern, daß die beiden bevorzugt solche Fernseh-Sendungen betrachten, die entweder mit Literatur zu tun haben oder von Tieren handeln.

Da sie in Hessen wohnen, versäumen sie es nicht, jeden Montagabend im Dritten Programm die Sendung »Herrchen gesucht« anzuschauen, in welcher die Moderatorin Barbara Siehl Vertreterinnen und Vertreter verschiedener Tierheime und ihre Sorgenkinder empfängt, vorzugsweise Katzen und Hunde, hin und wieder auch Kaninchen, Meerschweinchen und Sittiche.

Ein beliebtes Programm, was für »Bücher Bücher«, die Literatursendung von HR 3, leider nicht zutrifft. Statt der rund 130 Tausend Zuschauer von »Herrchen gesucht« finden sich lediglich 30 Tausend Interessierte ein, wenn Leser gesucht werden, und von Christian, einem befreundeten Kulturredakteur des Senders, haben Axel und Bettina erfahren müssen, daß die Sendung zum Jahresende eingestellt werde. Dadurch schaffe man Platz für eine Literatursendung neuen Typs, über die noch nachgedacht werde. Fest stehe lediglich, daß sie zuschauerfreundlicher sein solle – was immer das bedeute.

Nun sind ja auch Bettina und Axel der Meinung, daß Literaturvermittlung kein Minderheitenvernügen darstellen dürfe. Zwar ist ihnen »elitär« kein Schimpfwort mehr wie noch zu Zeiten des Studiums, aber »überkandidelt« soll es auch nicht zugehen, wenn im bildgeprägten Medium dem Wort gehuldigt wird. Jahrelang hatten sie daher dem »Literarischen Quartett« die Treue gehalten und ihm bei seinem Auseinandergehen trotz aller Einwände so manche Träne nachgeweint, hatte es dieses Konzept doch verstanden, Quote und Qualität zu verbinden. Einmal und nie wieder?

Das neue Jahr war noch jung, der Irak-Krieg dräute lediglich, da startete die ARD eine neue Literatursendung, an deren Konzept laut Christian länger als ein Jahr herumgedacht worden war: »Druckfrisch«. In ihr bewegte sich ein trotz des zu nachtschlafender Zeit anberaumten Sendetermins putzmunterer Denis Scheck von Kontinent zu Kontinent, wo er Autoren vorstellte, wenn er nicht in wechselnden Kulissen Bücher empfahl oder verwarf – was alles durchaus die Anteilnahme unseres Paares weckte: War das nicht eine erfolgversprechende Schiene, der Literatur das Odium des Stubenhockerischen und dem Literaturfreund den Ruch verstaubter Hanselhaftigkeit zu nehmen?

Enttäuscht mußten sich Bettina und Axel von Christian eines anderen belehren lassen: Leider erreiche die Sendung nicht jene Zuschauermengen, welche sich der Sender versprochen habe. Schon jetzt, zu Beginn des Unternehmens, seien Modifikationen, Verbesserungen und Verwässerungen im Gespräch ...

Was lief da schief? Aus schierem Eigeninteresse ließ diese Frage unserem Paar keine Ruhe. Warum entpuppten sich die ihnen lieben Sendungen rund ums gute Buch immer wieder als Quotenkiller? An der Materie konnte es nicht liegen, siehe »Literarisches Quartett«. Lag demnach der Webfehler in der Machart?

Fragen über Fragen, doch als Axel und Bettina am Montagabend wie gewohnt »Herrchen gesucht« einschalteten, fiel im Verlauf der halbstündigen Sendung urplötzlich der Groschen. Der Groschen? Es war wohl schon eine veritable Euromünze.

Dabei gebührt Bettina das Verdienst, der Münze den entscheidenden Stoß versetzt zu haben. Gerade pries Barbara Siehl ein auf den ersten Blick nicht allzu ansehnliches Hundetier – »Und was für schöne Augen er hat, der Timmy! Schau mal in die Kamera, damit das alle sehen können« –, gerade lobte sie dessen verborgene Qualitäten – »Total verschmust. Kann gut mit Kindern« –, gerade versäumte sie nicht, auch Schwachstellen anzusprechen – »Ideal wäre natürlich ein Garten. Aber Vorsicht: So ein deutscher Jagdterrier neigt zum Buddeln und Ausreißen« –, da entfuhr es Bettina: »*So* müßten auch Bücher vermittelt werden!«

Es dauerte ein wenig, bevor auch Axels »Groschen« ins Wackeln geriet: »Wieso?«

»Weil sie ankommt.«

»Wer?«

»Die Botschaft.«

»Welche?«

»Tiere suchen ein Zuhause. Bzw. Bücher.«

»Wieso? Ach so … Soso … Na ja … Tja … Ja!«

Worauf auch Axels Münze fiel, derart nachhaltig, daß er sich den Rest der Sendung darüber verwunderte, nicht eher auf jenen Einfall gekommen zu sein, dem Bettina nun immer deutlichere Konturen zu verleihen sich anschickte: »Was eint

167

das Tierreich und das Reich der Literatur? Beide sind ein weites Feld. So, wie es im Tierreich extrem große Exemplare wie den Elefanten und ausgesprochen kleine wie den Floh gibt, so weist auch das Reich der Literatur Größenunterschiede auf, die von Arno Schmidts ›Zettels Traum‹ bis zu Arnfried Astels Epigrammen reichen. Ebenso wie all diese Tiere haben auch all diese Bücher ein Lebensrecht – aber beinhaltet das auch unsere, des Menschen, Pflicht, dieser Vielfalt in unseren vier Wänden eine Heimstatt anzubieten?«

»Sicherlich nicht«, meldete sich da Axel zu Wort, »und wie wir sehen, hat die gerade laufende Sendung deine Frage dahingehend beantwortet, daß sie tierische Extreme wie Elefant und Floh zoologischen Informationssendungen überläßt, während in ›Herrchen gesucht‹ lediglich solche Tiere vorgestellt werden, die auch wirklich in eine menschliche Behausung passen, von der Maus bis zur Dogge.«

»Was ja immer noch erkleckliche Größenunterschiede zuläßt«, griff Bettina den Faden auf: »So, wie hier Haustiere vermittelt werden, könnte sich eine populäre Literatursendung auf die Vermittlung von Hausbüchern beschränken, von Büchern also, die nicht zu lang und nicht zu kurz sind, nicht zu hoch und nicht zu tief, nicht zu leicht und nicht zu schwer –«

»Richtig!« fiel da Axel ein. »Doch bedenken wir auch eine weitere Vorgabe von ›Herrchen gesucht‹. So, wie in dieser Sendung keinerlei wie immer Gefahr signalisierende Tiere vermittelt werden, keine Schlangen und keine Falken, keine Kröten und keine Skorpione, so sollte auch in unserer Hausbüchersendung kein Platz sein für Bücher, die der literaturinteressierte, wenn auch nicht unbedingt literarisch versierte Zuschauer bei näherem Hinsehen als bösartig oder gefährlich empfinden könnte. Unter den Tisch fiele daher eine Gedicht-sammlung wie Baudelaires ›Blumen des Bösen‹ oder ein Text wie Rimbauds ›Eine Zeit in der Hölle‹ – beides natürlich nur Hausnummern, da unsere Sendung ja keine bemoosten Alt-bücher, sondern frischgeschlüpfte Werke noch lebender Auto-rinnen und Autoren an den Mann bringen will –«

»Vor allem aber an die Frau«, wies Bettina ihren Axel lächelnd zurecht. »Frauen lesen nachgewiesenermaßen viel mehr als Männer – sie vor allem sollten wir ansprechen und zum guten Buch führen. Weshalb wir eine dritte Lehre aus ›Herrchen gesucht‹ zu ziehen haben, die vielleicht wichtigste: Unsere Sendung sollte keine negative Buchkritik enthalten!«

Damit konnte sich Axel nicht sogleich befreunden. Aber es sei doch die Pflicht derer, die es besser wüßten, der Literatur-kenner also, die Böcke von den Schafen zu sondern und den weniger Unterrichteten vom Unzulänglichen ab- und zum Gelungenen zuzuraten –

»Was das Zuraten betrifft, so sind wir einer Meinung«, ver-setzte Bettina. »Doch warum das Abraten in aller Öffentlich-keit betreiben? In ›Herrchen gesucht‹ wird doch auch keine Tierkritik geübt, jedenfalls nicht vor laufender Kamera …

Wie hörte sich das denn an?« Worauf sie mit erhobener Stimme fortfuhr: »Und nun zu Leo, einem typischen Labra-dor. Sie kennen meine Meinung, daß Hunde alles sein dür-fen, nur nicht langweilig. Doch Labradore sind nun mal durch die Bank langweilig, weshalb Leo –: So wird man doch keinen Leo los! Statt dessen wird man Leos Gemütswerte in den Vordergrund stellen. Wie anhänglich er ist und wie ver-spielt –«

»Und wie verschmust«, nahm Axel den Faden auf, freilich nur um zu einem weiteren Einwand anzusetzen: »Diese Terminologie läßt sich nun wirklich nicht auf Bücher übertragen, Bettina! Schaun Sie mal, wie lieb er schaut, der neue Lenz. Total verschmust!«

»Streiten wir uns nicht um Worte«, ließ sich Bettina vernehmen, »halten wir uns an Tatsachen. Und Tatsache ist, daß in unserer idealtypischen Literatursendung nicht länger nur vom guten, sondern auch und vor allem vom lieben Buch die Rede sein sollte. ›Lieb‹ – das kann ja vielerlei bedeuten. Daß das Buch von der Liebe handelt, daß man es liebgewinnen kann oder daß es uns dabei zu helfen vermag, uns besser zu verstehen, also zu akzeptieren, sprich: zu lieben. Lehrt nicht Shakespeares ›Othello‹ den eifersüchtigen Mann von heute, daß ihn ein rechtzeitig anberaumtes Beziehungsgespräch davor bewahren kann, so tief zu fallen, wie es der Mohr von Venedig tat? Beweist nicht Schillers ›Johanna von Orleans‹ der Frau von heute, daß es eine einfache Hirtin bereits im Mittelalter mit Tatkraft und Zähigkeit bis in höchste Positionen, ja bis auf den Scheiterhaufen bringen konnte?«

Dem wußte Axel nichts entgegenzusetzen, und so konzentrierten sich die beiden während des Rests der Sendung darauf, ihr weitere Anregungen zu entnehmen: Daß erstens eine einzige ansprechende Dekoration genüge und Ortswechsel abzulehnen seien. Daß zweitens die Sendung lediglich durch Gäste und ihre Mitbringsel – hier Tiere, da Bücher – aufgelockert werden dürfe. Daß drittens analog zu einigen geselligen Tieren auch manche Bücher nur zusammen vermittelt werden sollten, Uwe Johnsons »Jahrestage« zum Beispiel. Daß viertens die Ausstrahlung nicht nach 23 Uhr erfolgen dürfe. Daß fünftens die Buchvermittlung durch eine Frau erfolgen müsse, und daß die Sendung sechstens folgerichtig den Titel »Frauchen gesucht« tragen solle.

Noch bevor Barbara Siehl sich bis zum nächsten Mal verabschiedete, gingen Bettina und Axel daran, ihr Sende-Konzept schriftlich niederzulegen, und als Christian, der Kulturredakteur, am folgenden Abend bei ihnen vorbeischaute, da präsentierten sie ihm stolz das Ergebnis ihrer Überlegungen: »Laß dich überraschen!«

Doch es war Christian, der unsere beiden Hobby-Planer überraschte: Sie kämen leider zu spät; längst sei eine Sendung dieses Zuschnitts in Planung, demnächst, am 29. April 2003 werde sie im ZDF ausgestrahlt.

Das nahmen Axel und Bettina ein wenig enttäuscht zur Kenntnis, doch diese Enttäuschung legte sich rasch, als sie miterleben konnten, welch ein Riesenerfolg Elke Heidenreich mit ihrer Sendung »Lesen!« beschieden war:

»Na bitte, Bettina!«

»Es kommt an, Axel!«

Verbrannte Erde

Denken wir uns einen Dichter, der einem Besucher entgegensieht. Nicht ohne Bänglichkeit, hat sich doch ein Kenner seines Werkes angesagt, jemand also, der sich womöglich in Biographie und Bibliographie des Dichters besser auskannte, oder doch auszukennen glaubte, als der Betroffene selber.

Doch als sich das Taxi auf dem ungepflasterten Weg ankündigte, als es auf dem Zementplatz hielt, und als schließlich der Kenner sich anschickte, mit unverstelltem Staunen den Panoramablick wahrzunehmen, da besänftigte sich das Mißtrauen des Dichters: »Wer so etwas wahrnimmt, kann kein ganz schlechter Mann sein«, dachte er erfreut, und mit diesem Gedanken trat er mit ausgestreckter Hand auf den Besuch zu: »Willkommen in Montaio!«

»Schön, das alles kennenlernen zu dürfen«, sagte der Kenner. »Es ist ja – und nun breitete er die Arme aus, als wolle er all die ihn umgebende Schönheit umfassen – »es ist ja noch schöner –«, doch da brach er ab, um nicht erneut auf Irrwege zu kommen – »es ist ja genau so schön, wie Sie es, verehrter Dichter, in den zahllosen Trieben Ihres Werkes haben aufblühen lassen: Hier ist man in Norbert-Gamsbart-Land!«

»Hier bin ich inmitten verbrannter Erde«, hielt der Dichter unverbindlich dagegen und stellte mit diesen Worten die Weichen für jene Gespräche, die den Kenner und ihn während der nächsten Tage beschäftigen sollten.

Denn: »Verbrannte Erde?« hatte der Kenner verblüfft

gefragt. »Diese von Schönheit strotzende Toskana im gesegneten Monat September, also wieder begrünt nach der Trockenperiode der eigentlichen Sommermonate –: dieses ernteschwere und früchtereiche Land: verbrannte Erde?«

Und: »Verbrannt, total verbrannt«, hatte der Dichter geantwortet. »Sie werden schon sehen!«

Auf drei Tage war der Besuch des Kenners im toskanischen Landhaus des Dichters angesetzt gewesen; in diesen drei Tagen führte der Dichter dem Kenner Punkt für Punkt vor Augen, was er unter verbrannter Erde verstand und wodurch sie verbrannt worden war.

Er hätte sich keinen besseren Zuhörer wünschen können: Sollte doch der Kenner zum 65. Geburtstag des Dichters die Ausgabe von dessen »Gesammelten Werken« auf den Weg bringen, zu welchem Zweck er einerseits durch Lektüre bestens gewappnet war, in die Welt des Dichters einzudringen, er sich andererseits – durch Unkenntnis dieser Welt – dazu prädestiniert fühlte, das eigens Gelesene mit Gesehenem zu vergleichen und aufzuladen. »Verbrannte Erde?«

»Verbrannte Erde. Sie werden schon sehen!«

Es lief, um es kurz zu machen, darauf hinaus, daß der Dichter im Laufe seiner kontinuierlich wiederkehrenden Anwesenheit in »seinem toskanischen Refugium«, wie es ein Kulturblatt einmal nannte, dort so gut wie alles bedichtet hatte, was irgendwie bedichtenswert war, und das nicht ohne Folgen: »Ein schönes Gefühl, auf jener Mauer zu sitzen, die Sie bereits in Ihrem Roman ›Ich Ich Ich‹ so unnachahmlich angeredet haben!« Mit diesen Worten begrüßte der Kenner, ein Frühaufsteher, den Dichter, als der im Bademantel aus dem Haus trat: »Hallo Mäuerchen, was strahlen wir mal wieder aus? Ruhe – oder irre ich mich da?«

Ein munter vorgetragenes Zitat, das der Verfasser grämlich quittierte: »Und links neben sich haben Sie auch noch die Rose –«

»Wir haben heute auch wieder die Ruhe weg, was, alter Stachelkopp?« setzte der Kenner das Zitat kennerhaft fort und bewirkte doch nur, daß der Dichter noch grämlicher schaute: »Beide verbrannt, Mauer wie Rose!«

Und nicht nur die. Je häufiger sich der Kenner erinnerte, beim Gang durchs Haus, bei Rundgängen ums Haus – »Gehe ich zum Kleiderschrank, macht mich dieser Gang schon krank!« zitierte der Kenner – »Toscana-Therapie, zehntes Bild«, ergänzte düster der Dichter.

»Anfangs geh ich froh im Schatten, abwärts in bewährter Richtung«, hub der Kenner an zu deklamieren, als der Dichter ihn an seinem Abendgang teilnehmen ließ. »Und am Bildnis der Madonna trete ich in letzte Lichtung«, vervollständigte der Dichter und setzte hinzu: »Als ich vor der Madonnina stand, die in der Tat vom späten Licht gefaßt und vergoldet wurde: Das habe ich 1997 während eines Abendganges so unbefangen wie unüberlegt gedichtet – heute wünscht ich mir, ich hätte es nie getan, nie!«

Das verstehe er nicht, wandte der Kenner verblüfft ein. Diese Zeilen aus »Klappaltar« gehörten doch zu den suggestivsten aus jenem toskanischen Septemberzyklus –

– was sie denn auch zu den verhängnisvollsten abgestempelt habe, hielt der Dichter dagegen, und, die Verblüffung des Gastes bemerkend, fuhr er fort: »Nun versetzen Sie sich mal in meine Lage: Jedesmal, wenn ich zum Abendgang ansetze –«

– »abwärts in bekannter Richtung« –.

– »fallen mir diese und die folgenden Zeilen ein, was zweierlei zur Folge hat: Eine Peinlichkeit und eine Unfruchtbarkeit. Peinlich, daß ein Dichter sich selber zitiert; unfruchtbar, weil der Zitierende weiß, daß diese Zeilen nicht zu toppen sind, schon gar nicht, wenn die darauf folgenden vier Zeilen mitgedacht und beim Weiterschreiten mitgemacht werden« –

– worauf der Kenner ohne zögern komplettierte:

So denn weiter in die Sonne,
Schritt für Schritt zu reinster Sichtung
Steigt der Weg, und schrittweis fügt sich
Wort zu Satz und Satz zu Dichtung.

»Dichtung!« wiederholte der Dichter grimmig. »Alles habe ich hier in Dichtung überführt, manchmal in geradezu rauschhaften Schüben, ohne zu bedenken, daß ein Dichterwerk sich gleich einem Bergwerk aus Ressourcen speise, die nicht unerschöpflich sind. Und was tat ich?« fragte der Dichter beim Aufstieg. »Ich trieb Raubbau. Am ärgsten in jenem September des Jahres 1997 –«

»Dem Jahr des ›Klappaltar‹ also«, warf der Kenner kennerisch ein –

»– als ich«, fuhr der Dichter nun grimmig fort, »innerhalb von zwei Wochen den ganzen Hügel, man kann schon sagen, flächendeckend zu Achtzeilern verdichtet habe – zu Achtzeilern!« Er schlug sich gegen die Stirn. »Zu Achtzeilern!«

Was denn gegen Achtzeiler zu sagen sei, wollte der Kenner wissen, das sei doch ein sehr straffer Zusammenhang, welche der Fähigkeit des Dichters, Dinge auf den Punkt zu bringen, auf geradezu ideale Weise entgegenkomme!

»Aber das ist doch gerade mein Problem!« versetzte der Dichter mißmutig und fügte, wie um das Thema zu wechseln, hinzu: »Das hier war übrigens mal Ugos Campo!«

»Ugo geht«, zitierte der Kenner, doch dann blickte er aufmerksamer um sich. »War es hier mal schöner?« fragte er und wies auf Weinstöcke und Ölbäume, zwischen denen dichtes Unkraut wucherte. »Übers Jahr ist von dem Schönen wieder ein Stück weggebrochen«, hub er wie zur Erklärung an und las im Gesicht des Dichters eine Anteilnahme, von der er nicht zu sagen wußte, wem sie wohl galt: seiner Frage? Oder dem Dichterwort, das er soeben zitiert hatte?

»Die ›Ugo geht‹ überschriebenen Zeilen habe ich '97 geschrieben, damals eröffnete mir der Alte, er wolle verkaufen – «

Schön ist gut bestellter Boden.
Bauer ist das Salz der Erde.

– hub der Kenner an.

Aber der gesteht uns seufzend,
Daß er's Land verlassen werde.

– komplettierte der Dichter wie wider Willen:

Allzu mühsam das Gelände,
Allzu müde seine Knochen
Übers Jahr ist von dem Schönen
wieder ein Stück weggebrochen.

– schloß der Dichter, nicht ohne den Zusatz: »Hier irrte der Dichter. Übers Jahr war Ugo noch zugange und der Campo nach wie vor gut bestellt und schön, doch nun, 2001, hat der Besitzer endgültig gewechselt und die Folgen sind die von mir bedichteten: schlecht bestellter Boden, Unkraut, Verwilderung, also – ich will nicht gerade von Häßlichkeit reden, aber doch ist da keine Schönheit mehr zu entdecken. Thema verschenkt, so oder so.«

Aber wieso denn, wollte der Kenner wissen. Er, der Dichter, habe doch goldrichtige Worte sowohl für die damalige Situation in der Schwebe als auch für die heutigen Konsequenzen gefunden –

»Aber doch viel zu wenige«, warf der Dichter klagend ein. Der Stoff hätte doch unbedingt mehr hergegeben, jedenfalls in anderen Händen: eine Kurzgeschichte, eine Dokumentation, ein Porträt –: Die Tatsache, daß die Alten, die anziani, sich zur Ruhe setzten, während die Söhne, oft studiert oder anderweitig avanciert, keine Lust mehr hätten, Feldarbeit zu leisten – dieser Generationenwechsel berge doch jede Menge Konfliktstoff und Erkenntniswert, daraus hätte er in jedem Fall mehr machen müssen, wobei er keineswegs an die Kohle denke – »Auf der anderen Seite: Was bringt so ein Achtzeiler schon ein?« – Er meine damit, daß ein Dichter mit dem ihm zugeteilten Lebensstoff pfleglich und haushälterisch umzugehen habe, schließlich müsse der doch für ein Dichterleben reichen, und das könne über achtzig Jahre währen: »Und worüber schreibe ich dann, wenn ich alles schon mit sechzig auf den Kopp gehauen habe?! Aber lassen Sie uns zum Haus zurückkehren, ich muß noch gießen.«

Vom Tal her steigt Rauch auf.
Ich drehe den Schlauch zu

– sagte der Kenner, ohne sich ein Lächeln verkneifen zu können. »1976, Eingangsgedicht des Zyklus ›Sommer in Montaio‹«, brummte der Dichter, doch dann ging sein Brummeln in ein Stöhnen über: »1976! Wie weit das zurückliegt! Und wieviel ich in diesem Zeitraum diesem armen Boden hier bereits an Gedichten und Geschichten abgepreßt habe! Gehen wir!«

Am nächsten Tag ließ es der Dichter sich nicht nehmen, den Kenner über Land zu fahren, ein Freundesdienst, für welchen der Kenner sich dadurch erkenntlich zeigte, daß er kennerhaft immer dann Andeutungen fallen ließ, wenn er der Tatsache gewiß war, da seien mal wieder Leben und Schreiben zur Deckung gekommen und Werk geworden.

Steuerst deinen Wagen bergwärts,
Talher durch Septemberstrahlung,

– zitierte er, als sie dem Chianti-Kamm entgegenfuhren. »Montegrossi – großes Bergi«, memorierte er, als er ein Hinweisschild las, welches auf das Castello Montegrossi hinwies.

»Septembersee«, sagte er, als er, dem Dichter folgend, über Stock und Stein schließlich zum waldumstandenen Stausee gelangt war. »Den haben Sie viermal bedichtet.«

»Zweimal!« widersprach der Dichter. »Einmal in dem von Ihnen benannten Gedicht, und einmal in der sogenannten Erzählung ›Elch, Bär, Biber, Kröte‹. Macht zweimal.«

»Und was ist mit dem wunderschönen Gedicht ›Am See‹?« Und der Kenner konnte sich nicht verkneifen, das ganze Gedicht vorzutragen:

Mittagsstunde. Sommerfriede.
Seelenruhe. Märchenwetter.
Alles schweigt, und nun verstummen
Selbst die Silberpappelblätter.

Fast zu unbewegt dies Inbild.
Dieser Inbegriff zu leise.
Wärn da nicht der Sprung des Fisches
Und des Wassers leichte Kreise.

»Ist doch ein ganz anderer See«, hielt der Dichter fast höhnisch dagegen. »Der Lago San Cipriano im Val d'Arno. Das hier ist der Lago di Badia. Und mal im Vertrauen gefragt, wo gibt's denn hier Pappeln?«

Eine Scharte, die der Kenner alsobald auszuwetzen verstand, indem er den Dichter bei einer Unrichtigkeit erwischte und verbesserte.

»Castelnuovo Berardenga«, sagte der Dichter, als sie im Castelnuovo Berardenga einfuhren. »Jene Stadt, der ich einst in meiner Erzählung ›Der Palio‹ das Prädikat ›ganz und gar metaphysisch‹ verliehen habe.«

»Die Erzählung handelte vom Palio in Siena«, korrigierte ihn der Kenner, »doch sie hieß ›Die Flucht in die Falle‹, die vierte von dreizehn Erzählungen im Sammelband ›Kippfigur‹. Und dieser Stadt sagten Sie nicht metaphysische Öde nach, sondern ›der Ort sei von einer berauschenden, weil durch und durch italienischen, sprich metaphysischen Ödheit‹.«

»Metaphysische Öde wäre aber besser, weil kürzer gewesen«, sagt der Dichter, als er den Wagen einparkte.

»Das Wort, ›Sie sollen lassen stan‹«, entgegnete der Kenner.

So kehrten sie in einem unscheinbaren Ristorante namens Da Pippo unweit des Zentrums ein und beglückwünschten sich für diese Wahl, da sie nicht nur hervorragend bewirtet wurden, sondern auch, mit Ausnahme eines älteren, englisch sprechenden Touristenpaars, die einzigen Fremden blieben. Zudem sahen sie sich im Laufe des Abends vermehrt von Italienern umgeben.

»Was wollen wir zuvor speisen? Vorspeisen«, hatte der Dichter zu Beginn der Tafel improvisiert, und er war diesem Duktus während wechselnder Speisefolgen treu geblieben: »Was wollen wir überhaupt speisen? Hauptspeisen!« sagte er, als der Wirt damit begann, die Secondi Piatti herunterzubeten.

»Was wollen wir hernach speisen? Nachspeisen!« bedeutete er dem Kenner, als es an die Dolci ging, worauf der zu bedenken gab, diese suggestiven Zeilen bildeten doch bereits ein Gedicht – ob er es nicht in sein stets geführtes Brunnen-Heft eintragen wolle, womöglich unter der Überschrift »Da Pippo«.

»Vielleicht mit dem Schluß: Anschließend hilft eine Grappa/ noch der Mama auf den Papa«, fragte der Dichter unter Hinweis auf das Touristenpaar.

»Genau!« begeisterte sich der Kenner. »Das rundet das Gedicht ›Da Pippo‹ in einer Art und Weise, wie nur Sie ein solches Gedicht zu runden imstande sind: Was wollen wir zuvor speisen? Vorspeisen!/ Was wollen wir überhaupt speisen? Hauptspeisen!/ Was wollen wir hernach speisen? Nachspeisen!/ Anschließend hilft eine Grappa/ noch der Mama auf den Papa. Wunderbar. Schreiben Sie's auf. Wozu tragen Sie Ihr Heft bei sich?«

»Ich werde den Teufel tun, auch noch die bisher den deut-

181

schen Studienräten entgangenen toskanischen Lokale zu bedichten, was zugleich heißt, zu verbrennen!« ereiferte sich der Dichter. »Das habe ich noch nie getan und das werde ich auch nie tun!«

»Und was war mit der Hostaria Da Nella?«

»Das war kein toskanisches Lokal, sondern ein römisches.«

»Und was ist mit der Taverna del Pescatore?« hakte der Kenner nach. »Was mit dem dortigen Mittagessen?« Und erneut konnte er es nicht unterlassen, das gesamte Gedicht dem Dichter vorzutragen.

Mittagessen in der Taverna del Pescatore

Schwere Vorhänge verdunkeln
Das Gewölb des langen Saales,
Um so strahlender erscheint uns
Trinität des Mittagsmahles:

Dio, Santo Spirito,
Eins in Gesù Cristo Namen,
Vino, Penne ai funghi
Und Arrosto Misto. Amen.

»Diese Taverna ist doch wohl toskanisch – oder?«

»Stocktoskanisch«, räumte der Dichter ein. »Man sollte eben nie nie sagen. Dagegen sollte die Frage: Wollen Sie noch eine Grappa? immer mit ›Immer!‹ beantwortet werden. Wollen Sie noch eine?«

»Immer!« antwortete der Kenner.

Der dritte und letzte Tag brach an, auch er der Stellen- und Quellensuche gewidmet, da der Kenner »die Herausgeberbürde«, wie er sich ausdrückte, um so leichter schultern könne, je besser er sich nicht nur im Werk des Dichters auskenne, sondern auch in seinen Orten: »Wer die Dichtung will verstehen/ muß ins Land der Dichtung gehen./ Wer den Dichter will verstehen/muß ins Land des Dichters gehen.«

»Der ist aber nicht von mir, der Quatsch«, insistierte der Dichter.

»Nein, nein«, beschwichtigte ihn der Kenner. »Der ist von Goethe.«

Sie standen nun auf dem Zementplatz, und der Dichter schlug vor, so etwas wie eine poetische Inventarisierung der von diesem Standort zu erfassenden Realien zu versuchen – so vermutlich würde am deutlichsten, was er unter »Verbrannter Erde« verstehe und wieweit er diesen Prozeß bereits betrieben habe.

»Da haben wir also vor uns das Haupthaus –«

– »spielt eine zentrale Rolle im Kapitel ›Er kommt an‹ aus ›Ich, Ich, Ich‹«, notierte der Kenner und fügte hinzu, daß der Oleander vor dem Hause bisher nur marginal im Werk vertreten sei. Und dann auch immer nur im Zusammenhang mit dem schlechten Wetter, im Roman und in dem Gedicht »Sturmskizze«.

»Gibt eben nichts her, so ein Oleander«, brummte der Dichter. »Da sind die Zypressen hinter dem Haus schon ein anderes Kaliber!«

Und gemeinsam begannen sie sich zu erinnern, wie oft bereits der Dichter die großen Bäume be-, ja: ange-dichtet hatte. Sie kamen auf drei Gedichte, als der Kenner fast lehrerhaft den Zeigefinger hob: »Und natürlich noch in der ›Montaieser Elegie‹!«

»Da hatte ich es eigentlich mehr mit den erfrorenen Oliven«, entgegnete der Dichter. »Weiter im Text. Da hätten wir als nächstes die Trockenmauer.«

»Trockenmauer, eingefallen«, zitierte der Kenner, und gab sich überrascht: »Die steht aber, die Mauer!«

»Weil wir in der Zwischenzeit einen Maurer aufgetrieben haben«, erklärte der Dichter. »Jetzt steht sie wie 'ne Eins, und es ist mehr als fraglich, ob ich sie in diesem Zustand bedichtet hätte. Auf jeden Fall ist ein Hauch Verfall der Poesie zuträglicher. So wie ich ja in Sachen Oliven erst zur Feder gegriffen habe, als sie hinüber waren nach dem großen Frost im Jahre 1985.«

»In besagter Elegie«, stimmte der Kenner zu, um sich abermals zu verwundern: »Haben sich aber gut gemacht in der Zwischenzeit, die Oliven. Und bedichtet haben Sie sie ja auch, wenn ich nicht irre: ›Wie aus frostverschonter Wurzel drei Olivenstämmchen ragen‹ – «

»Steigen«, korrigierte der Dichter.

»Stimmt. Muß sich ja auf ›über Silberzweigen‹ reimen.«

»Was haben wir denn noch im Angebot?« Der Dichter wies in Richtung des alten Gebäudes, in welchem der Kenner seit seiner Ankunft wohnte.

»Hatten wir bereits«, warf der Kenner ein: »Ein altes Haus und so weiter und so weiter.«

»Ich meinte die Pinien dahinter«, sagte der Dichter.

»Die selbstgepflanzten?« fragte der Kenner, um fortzufahren: »Im Schatten der von mir gepflanzten Pinien, will ich den letzten Gast, den Tod erwarten.«

»Wollte ich natürlich nicht wirklich«, sagte der Dichter. »Aber ›erwarten‹ war ein zu vielversprechendes Reimwort, als daß ich es hätte der Wahrheit willen unterdrücken dürfen.«

»Warten, Garten, Karten, harrten«, memorierte der Kenner die Reimwörter des ihm bestens bekannten Sonetts, doch dann hatte er das Gefühl, etwas mehr Ehrfurcht an den Tag legen zu müssen angesichts der Bäume, unter denen der Dichter seine formvollendeten Todesahnungen niedergeschrieben hatte: »Schöne Pinien!«

»Dreißig Jahre her, daß ich sie gepflanzt habe«, sagte der Dichter. »Und sie blieben fünfundzwanzig Jahre lang unbedichtet. Reife Leistung. Bei der Pergola ging's schneller – «

»Ich seh nach oben und seh Wein«, intoniert der Kenner.

»Ich seh nach unten und seh Stein«, warf der Dichter ein.

»Der Wein hängt hoch, der Stein liegt nah ... «

»Des Rätsels Lösung: Pergola!«

Dichter wie Kenner konnten ein Lachen nicht unterdrücken, doch dann erinnerte sich der Dichter des ernsten Anlasses seiner Worte: »Es ist etwas Seltsames um die – sagen wir mal – Poesiewerdung der Anlässe: 1973, zusammen mit den Pinien, pflanzte ich auch die Weinstöcke der Pergola. Mit den Pinien hatten mir noch Gartenarbeiter geholfen, die Gruben auszuheben, bei den Weinstöcken war ich ganz und gar auf mich angewiesen. Was kein Schaden war, wie ich bald feststellen sollte. Als ich die vier Weinstöcke geordnet hatte, war ich davon ausgegangen, Pflanzen ins Haus geschickt zu bekommen, die denen der Baumschule glichen, vor denen ich meine Wahl getroffen hatte. Wer beschreibt mein Erstaunen – am besten wohl ich selber! –, als ich nicht ausgewachsene Stöcke, sondern kaum zwanzig Zentimeter lange Stöckchen geliefert bekam, mit der Auflage, die vor den bereits errichteten Pfählen der projektierten Pergola so zu versenken, daß nichts von ihnen mehr aus der Erde ragte, der ganze Weinstock vielmehr noch von aufgehäufter Erde bedeckt werde.

Ich tat wie geheißen, ohne allzuviel Vertrauen in die Anweisungen, und siehe da: Nach einem Jahr schon rankte etwas die Pfähle empor, nach drei Jahren war das Weinlaub der Pergola schon derart dicht, daß ich sie bedichten konnte. Zweimal und nie wieder!«

»Gibt es denn da noch ein Pergolagedicht?« fragte der Kenner verwundert.

»Nun ist der Wein bereits am Sichverfärben«, sagte der Dichter, und der Kenner ergänzte geradezu glühend: »»Die ersten Blätter lappen leicht ins Gelbe …‹ Eines Ihrer vielen Spätsommergedichte, von denen mir, wenn ich das so offen sagen darf, vor allem ›Viel und Leicht‹ stets die allergrößte Bewunderung abverlangt hat: Wie Sie da in einem Atem die ganze Fülle von Pflanzen nutzen und Landschaftsschönheit – ja: man muß schon sagen, herunterbeten: Dieses durchweg rühmende und bedingungslos Feiernde des Gedichts ist mir immer als die denkbar dichteste Annäherung ans Numinose, ja ans Religiöse erschienen, die bisher in Ihrem Werk aufgeschienen ist: Ein großes Meisterwerk der Verdichtung!«

»Ein grauses Mahnmal der Vernichtung ist es, dieses Gedicht!« Es hätte nicht viel gefehlt, und der Dichter wäre zürnend auf den Kenner losgegangen. »In zweimal zehn Gedichtzeilen habe ich da weggefrühstückt, was für viele ausgedehnte poetische Mahlzeiten oder doch Obstsalate hätte vorhalten müssen und können: Birne, Zwetschge, Traube, Pfirsich, Tomate, Aubergine –«

»Die Aubergine kommt aber in dem Gedicht gar nicht vor!« hielt der Kenner entgegen.

»Auch nicht in der italienischen Form der Melanzane?«

»Tut mir leid, verehrter Dichter, weder noch.«

»Na wenigstens etwas!«
»Wie meinen Sie das?«
»Warten Sie's ab!«

Auf Vorschlag des Dichters waren er und sein Gast am Abend
des letzten Besuchstages nicht ausgegangen, sondern auf dem
Hügel geblieben, wobei es sich gut traf, daß der Kenner sich
nicht nur im Werk des Dichters, sondern auch in dessen
Küche auskannte. Auf jeden Fall war es ihm gelungen, aus
den Früchten des Feldes und dem Inhalt des Kühlschranks
ein in jeder Hinsicht zufriedenstellendes Mahl zu bereiten –
einzig der Dichter schien noch etwas auf dem Herzen zu
haben, als er Espresso und Brandy auf die Terrasse trug.

»Sie haben ja nun drei Tage lang Gelegenheit gehabt, die
Lage hier zu sondieren, ich meine die poetische Gemengela-
ge. Was ist Ihre Einschätzung? Ist der Stollen ausgebeutet?
Die Erde ausgepowert? Oder gibt es noch Ressourcen? Kann
gar was nachwachsen, von dem ich noch nichts weiß?«

Erschreckt wehrte der Kenner ab. »Bester Gamsbart – Sie
sind der Dichter, nicht ich! Wäre ich hier vor dreißig Jahren
vor Land gegangen, um mich einmal poetisch auszudrücken,
dann präsentierte es sich heute so unbesungen wie zuvor: Das
Glück des Besungenwerdens konnte diesem – ich sag's mit
vollem Bewußtsein – gesegneten Landstrich nur durch Sie,
verehrter Meister, geschehen. Sie haben diesen Himmel von
Montaio bedichtet und der ist – von wegen verbrannte Erde!
– zum unverwechselbaren Norbert-Gamsbart-Land erblüht,
das noch in Dezennien, wenn nicht Säkula, Liebhaber Ihres
Werkes und Ihrer Person bilden und begeistern und befruchten können wird –: Nochmals: von wegen verbrannte Erde.
Von wegen!«

»Was sollen mir Dezennien, gar Säkula!« begehrte der Dichter auf. »Ich will hier und heute etwas zu dichten haben. Daher noch einmal meine Frage: Gibt es hier noch etwas zu bedichten?«

Da endlich begriff der Kenner den Ernst der Lage und des Anliegens, ja er spürte sogar so etwas wie das Wehen der Flügel des Geistes der Poesie über seinen Scheitel streichen, eine derart rare Sensation, daß er merkte, wie sich ihm die Haare aufrichteten: Der große Gamsbart glaubte in ihm eine Stütze gefunden zu haben! Nach besten Kräften versuchte er zu stützen, doch seine profunde Kenntnis des Gamsbartschen Werkes verboten ihm vorschnelle, vorlaute Äußerungen. Gesammelt ließ er seine Blicke über Nahes und Fernes gleiten, bemüht, diesen Ausschnitt der Welt mit den Augen des Dichters zu sehen: Was von dem, was er da zu Gesicht bekam, war poetisierbar? Glaubte man Novalis, eigentlich alles: »Indem ich dem Endlichen einen unendlichen Schein gebe, romantisiere ich es.« Was ja auch in »poetisiere ich es« übersetzt werden könnte. Das klang als Programm schlüssig, erwies sich in der Anwendung jedoch als, gelinde gesagt, heikel: Indem er sich umsah, prüfte der Kenner den Aggregatzustand möglicher Poetisierbarkeit dessen, was ihm vor Augen kam: Die spielenden Katzen: Poetisierbar, leider vom Dichter bereits poetisiert. Die Blumen in ihren Gefäßen: Poetisierbar, jedoch nicht innerhalb der Bandbreite des dichterischen Werkes von Norbert Gamsbart. Die Gartenmöbel: Schwerlich poetisierbar, zumal in der Leichtmetall-plus-Stoff-Ausführung. So ein wettergegerbter Holzklapptisch könnte vermutlich was hergeben – doch dann erinnerte sich der Kenner der Tatsache, daß der Dichter selbst seine reichlich abgenutzte Schaumstoffmatte bereits zweimal bedichtet hatte, richtiger gesagt, sich selber auf besagter Matte. Ob er

auch sich auf einem der besagten Stühle würde bedichten können? Nach kurzem Schwanken verwarf der Kenner diese Möglichkeit: Die Matte gab es nur einmal, und das Ausgestreckt-
sein auf ihr – »Ausgestreckt auf breiter Matte« – war eine ganz
einzigartige Weise, sich der Natur auszusetzen – das Sitzen im
Klappstuhl hingegen: unpoetisierbar! entschied der Kenner.
Unpoetisierbar auch die Außenbeleuchtung, das Auto, das Mo-
ped, der Katzenkorb, der abgeleckte Katzenfutterteller. Noch
weniger der längst und vielfach poetisierte Hund Bella, der aus
der Dunkelheit auftauchte, um die Katzenteller zu überprüfen,
kaum poetisierbar, da zu poetisch, die blasser werdenden Lich-
ter, die sich derart in der Ferne verloren, daß nicht mehr aus-
zumachen war, wo sie aufhörten und wo die Sterne begannen.

Als habe der Dichter die Gedanken des Kenners erraten,
schüttelte er leise den Kopf, bevor er die Gläser erneut mit
Rotwein vollschenkte.

»Chianti Classico Riserva, Jahrgang 1997, aus der Enoteca
Montagnani, beide bereits bedichtet« – und sogleich erinnert
sich der Kenner der beschwingten acht Zeilen mit der Überschrift »In der Weinhandlung Montagnani in Gaiole im Chianti«.

»Na denn«, sagte der Dichter und hob das Glas: »Chi non
beve in compania o è un ladro o una spia – Prost auch!«

»Sorry?« fragte der Kenner.

»Ein italienischer Trinkspruch«, erläuterte der Dichter.
»Wer nicht in Gesellschaft trinkt, ist entweder ein Räuber
oder ein Spion.« Er blickte sinnend in die Sommernacht.
»Wer nicht in Gesellschaft trinkt, ist als Spion oder Räuber
verdingt«, sagte er nach einigem Nachdenken. »Eigentlich
nicht schlecht. Vielleicht ist das eine Perspektive für mich:
Nachdichtungen italienischer Trinksprüche?!«

War es die Bitterkeit, mit der hier der Dichter diese Worte geäußert hatte? War es das Gefühl, er sei dem Dichter noch eine Hilfestellung schuldig? Ein letztes Mal verlegte sich der Kenner aufs Suchen.

Nun sah er nicht mehr, er hörte. Hörte die anfeuernden Rufe der trainierenden Mannschaft vom tiefer gelegenen Sportplatz, hörte den unaufhörlichen Gesang der Grillen, hörte ein fernes, startendes Auto und hörte plötzlich einen bedrohlich dunkel orgelnden Ton eines offensichtlich größeren Insekts, das wie wütend gegen die Außenbeleuchtung stieß, von ihr abprallte, im raschen Flug die Mauer touchierte, von ihr abprallte und urplötzlich die Haare des Kenners streifte, Haare die sich um ein Haar zu Berge gerichtet hätten, wäre der Dichter nicht eingeschritten.

»Hornissen«, sagte er in die Dunkelheit und fügte hinzu, er habe das Licht löschen müssen, da dies das einzige Mittel sei, diese an sich harmlosen, aber nicht ungefährlichen Insekten davon abzuhalten, wie wild die Lichtquelle zu umkreisen und dadurch die im Lichtschein Sitzenden zu gefährden.

Es war wohl diese gemeinschaftstiftende Dunkelheit, die den Kenner dazu ermutigte, den Dichter schonungslos mit dem Ergebnis seiner Recherche zu konfrontieren: Wenig Bedichtbares. Es sei denn – und plötzlich glaubte der Kenner, so etwas wie Licht am Ende des Tunnels zu erblicken –: Es sei denn, die Welt der hiesigen Insekten. Das Grillengeschrei beispielsweise –

Dazu gebe es einen verrutschten Vierzeiler, erwiderte der Dichter mürrisch und zitierte das nächtliche Konzert:

Der Dichter ruft ins Grillenschreien:
Ihr müßt mir jetzt zu Willen sein!

Ich will nicht, daß die Grille schreit:
Da plötzlich macht sich Stille breit.

»Ich hab's aussortiert aus dem Gedichtband«, fügte er hinzu, als das Schweigen zu belastend wurde, »Schwamm drüber.«

»Und was ist mit den Hornissen?« fragte der Kenner.

»Da gibt es ein längeres Lehrgedicht, das bereits im Manuskript vorliegt. Das können Sie morgen lesen, wenn Sie wollen.«

»Was ist mit Wespen?«

»Zu denen habe ich keine besondere Beziehung«, antwortet der Dichter. »Nein, wirklich nicht.«

»Bienen?«

»Da gibt's bereits dieses Gedicht über die Bienen im Wilden Wein. Wie fängt denn das noch mal an?«

»So fängt es an«, sagte der Kenner, und dann ließ er sich derart vom Schwung des Gedichts mitreißen und zitierte das ganze, ihm wohlbekannte und sehr liebe Gedicht in voller Länge:

Wärme, Stille, Kühle

Der heiße Tag. Das Summen wilder Bienen
geht in dem Wein so emsig ein und aus,
als wolle jede mit dem Hinweis dienen:
Wer jetzt ein Haus hat, gehe in dies Haus.

Der Stille Raum. Durchs Gitter der Lamellen
Fällt gleißend parallelgeführtes Licht
aufs blaue Laken, wo der Liebe Wellen-
und Schattenspiel sich in den Spiegeln bricht.

Der nackte Leib. Des Windes leichtes Fächeln
bestreicht ein Fleisch, das sich erschauernd streckt
von Fuß bis Kopf, wo ein verschlafnes Lächeln
Erinnerung an wilde Bienen weckt.

Als wolle er eine Erinnerung vertreiben, schüttelte der Dichter für einen Moment den Kopf. Dann sagte er: »Richtig«, und erhob sich. Im nächsten Moment flammte die Außenbeleuchtung wieder auf. »Jetzt ist sie weg, die Hornisse.«

Der Kenner blinzelte, dann sah er wieder klar: Er hatte dem Dichter noch nicht die geringste Dichterhilfe leisten können. Beschämt sah er zu Boden, als er dort das Gekrabbel der Ameisen wahrnahm.

»Ameisen?« fragte er.

»Kommen in meiner Erzählung ›Elch, Bär, Biber, Kröte‹ vor. Erinnern Sie sich der Kröte, die die ganzen Ameisen wegfrißt?«

»Ach ja, richtig!«

Daß nun alles zu spät sei und er ohnehin nichts zu verlieren habe, befand der Kenner, weshalb er nicht einmal seinen Mut zusammennehmen mußte, als er den letzten und, wie er fand, abwegigsten Vorschlag machte: »Und Fliegen?«

»Habe ich wiederholt bedichtet, auch Flüge in Italien. Beispielsweise den Flug mit der CrossAir von Florenz nach Zürich.«

»Nein, nein. Ich meinte die Tiere«, insistierte der Kenner.

»Ach die. Die Fliegen! Diese Summsetiere, nicht wahr?«
Der Dichter hielt für einen Moment inne, dann breitete er seine Arme aus und begann, dank des Weingenusses ein wenig schwerfällig, summsend die Terrasse abzuschreiten, ja abzulaufen.

»Ich bin ein kleiner Summsemann, den jeder wohl bedichten kann«, sang er dazu, doch dann änderte er Tonfall und Tonart und grölte in die Sommernacht: »Ich bin der Herr der Fliegen, kein Dichter soll mich kriegen«, und damit nicht genug, intonierte er noch ein weiteres Lied, das mit den Worten begann: »Flieg, Fliege, flieg, dein Vater ist ein Freak, deine Mutter ist ein Fluginsekt, das alles frißt und dem nichts schmeckt – Flieg, Fliege, flieg.«

»Fliegen!« Der Dichter ließ sich schnaufend auf den Stuhl fallen, goß beiden Gläsern nach, hob das seine und forderte den Kenner zum Anstoßen auf: »Auf das, was wir lieben, und das sind nun mal die Fliegen!« rief er in die sommerliche Nacht, dann aber, als sei er eines schrecklichen Lapsus gewahr geworden, schlug er die Hand vor den Mund und begann erneut: »Auf die, die uns kriegen, und das sind nun mal die – « er brach ab und fixierte den Kenner: »Was sind das noch mal für Tiere, diese Fliegen? Sie sind doch da der Kenner!?«

»War doch nur ein Vorschlag«, sagte der Kenner bedrückt.

»Give me an F«, schrie der Dichter.

»Give me an L, give me an I, give me an E, give me an G, give me another E, give me an N – how does it spell?«

»War kein so doller Vorschlag.«

»How does it spell?«

»Fliegen«, sagte der Kenner schließlich. »Fliegen, ja.«

»Ja, Fliegen«, echote der Dichter und gab vor, verzweifelt in sich zusammenzusinken. »Fliegen! Die überleben jede Katastrophe, auch die verbrannte Erde. Hatten Sie an besondere Fliegen gedacht? Fruchtfliegen, Hausfliegen, Schmeißfliegen, Bremsen? Oder an einen Fliegenzyklus, gar an einen Sonettenkranz, bestehend aus vierzehn Sonetten, jedes einer einzelnen Fliegenart gewidmet, dessen wiederum vierzehn Anfangszeilen aneinandergereiht das fünfzehnte, das Meistersonett ergeben? Aber gibt es überhaupt so viele Fliegenarten? Mit Sicherheit, was meinen Sie? Leider befindet sich in meiner Hausbibliothek kein Fliegenfachbuch, aber dem kann abgeholfen werden. Und dann erst werden wir die Frage klären können, die natürlich vorrangig ist: Gibt es – falls es sie gibt – diese vierzehn Fliegenarten auch hier, in meinem toskanischen Refugium? Im Norbert Gamsbart-Land, wie Sie es zu nennen beliebten, kann und darf nicht alles wahllos expandieren – oder soll ich nach Pinie, Ölbaum und Zypresse auch noch die Dattelpalme, gar die Indische Feige bedichten? Soll ich das?«

Derart wild schaute der Dichter, daß der Kenner ihn nach besten Kräften zu beschwichtigen suchte: »Aber nein, verehrter Meister! Wo denken Sie hin. Und Sie sollen auch keine Fliegen bedichten, schon gar keine, die hier nicht heimisch sind! Die Fliegen waren doch nur der Vorschlag eines Unbedarften. Der klägliche Versuch, einem großen Dichter einmal in der geringsten aller denkbaren Weisen den Steigbügel zu halten, auf daß der in aller Frische da Platz nehme, wo das Schicksal ihn nun einmal hinbestimmt hat: Auf den Pegasus, welcher dort schon ungeduldig mit den Hufen scharrt, um ihn endlich wieder zum Palast zu fliegen – «

»Fliegen! Schon wieder!«

Erneut war der Dichter aufgesprungen, von Neuem breitete er die Arme aus: »Ich bin der Herr der Fliegen, ich werd sie schon hinkriegen – und wenn es das letzte ist, was ich aus dieser verbrannten Erde hervorhole: Ein Fliegengedicht! Zu mehr langt's ja nicht!«

Ob sie nicht zu Bett gehen sollten, fragte der Kenner in die Stille, die nach den letzten Worten des Dichters eingetreten war. Schwerfällig nickte der Dichter. Daß sie das alles so stehen lassen sollten, ordnete er an, doch nachdem der Kenner sich dessen versichert hatte, daß der Dichter ins Bett gefunden hatte, ging er daran, die Reste des Abendessens in die Küche zu tragen, um sodann dort den Abwasch vorzunehmen. Er vollzog ihn sehr nachdenklich und sorgfältig. »Als wollte ich ein Sühnezeichen setzen«, dachte er.

Am nächsten Morgen war der Kenner schon früh auf den Beinen. Um zwölf sollte ihn ein Taxi abholen und zum Bahnhof von Montevarchi, der nächstgelegenen größeren Stadt, bringen, und je näher dieser Termin rückte, desto bänglicher sah er der Möglichkeit entgegen, er werde ohne Dank und Gruß vom Dichter scheiden müssen.

Da sie in verschiedenen Häusern untergebracht waren, der Dichter in dem großen, der Kenner im kleineren Gästehaus, hatten sie auch das Frühstück getrennt eingenommen, zumal der Dichter sich in punkto Tagesbeginn nicht hatte festlegen wollen.

Doch so spät wie an diesem letzten Morgen hatte er es noch nie werden lassen. Um viertel vor zwölf erwog der Kenner, den Dichter im großen Haus aufzusuchen, wenn nicht zu stellen, doch als er noch schwankte, ob das schicklich oder zumindest zulässig sei, kam ihm der Gastgeber dadurch zuvor, daß er blinzelnd aus dem Haus trat und den purpurnen Bademantel enger zog.

»Sie wollen doch nicht schon abreisen?« fragte er den Kenner und wies auf das aufgereihte Gepäck im Schatten der Arkaden.

»In einer Viertelstunde kommt, wenn alles gut geht, mein Taxi«, sagte der Kenner leichthin, doch dann irritierte ihn sein Wortlaut: »Kommt es leider. Ich meine: das Taxi.«

»Es ist gut, mein Sohn, ich wußte es schon!« wehrte der Dichter huldvoll ab. »Aber was ich nicht weiß: Was haben wir eigentlich gestern alles zusammengeredet?«

Erleichtert entnahm der Kenner diesen Worten, die Nacht habe einen wohltätigen Schleier über all das gebreitet, was er dem Dichter im Verlaufe seiner Motivsuche vorgeschlagen hatte. Mit gespieltem Achselzucken erklärte er daher, sich auch nicht mehr allzu genau erinnern zu können, außer, daß er dem hervorragenden Brunello etwas zu oft zugesprochen habe.

»War da nicht was mit irgendwelchem Kleinvieh?« fragte der Dichter. »Reptilien? Oder Insekten?«

»Nicht daß ich wüßte«, wehrte der Kenner ab. »Nein wirklich: Ich weiß von nichts.«

Da hörten sie beide das Herannahen des Taxis: Der Kenner suchte nach Worten, um dem Dichter dafür zu danken, daß er in Dichtersland hatte weilen dürfen, eine, wie er anhob auszuführen, menschlich bewegende und für seine Herausgeberaufgabe ungemein befruchtende Zeit, doch dann hielt das Taxi und der Dichter ergriff die Hand des Kenners. »Die Freude an den vergangenen Tagen war ganz meinerseits«, sagte er mit unerwarteter Herzlichkeit, ja er half noch mit, das Gepäck zu verstauen, öffnete die Wagentür, um den Kenner einsteigen zu lassen, hob die Rechte zum Gruß und hielt auf einmal inne, als sei ihm noch etwas Wichtiges eingefallen. Ein Griff, und er holte aus einer der beiden Taschen seines Bademantels einen Briefumschlag, um sodann zu fragen: »Haben Sie im Gästehaus eigentlich auch so unter Fliegen gelitten? Im Haupthaus sind sie zur Zeit unerträglich. Unerträglich viele und unerträglich dreiste. Aber auch bei den Fliegen kommt es ja immer darauf an, was man aus ihnen macht. Und was macht ein Dichter aus Fliegen?«

196

Mit diesen Worten drückte der Dichter dem Kenner besagten Briefumschlag in die Hand, während er zugleich dem Taxifahrer ein aufmunterndes Wort zurief: »Alla stazione!« glaubte der Kenner zu verstehen, worauf ihm lediglich übrigblieb, »Si. Alla stazione« zu sagen. Mit einem »Allora alla stazione!« gab der Fahrer Gas, und heftig winkend trennten sich Dichter und Kenner.

Alles lief nach Plan. Der Lokalzug hielt pünktlich in Montevarchi, und der Tag in Florenz war ausgefüllt mit Museumsbesuchen und kleineren Einkäufen. Abends fand der Kenner ohne Schwierigkeiten den Nachtzug nach Frankfurt, den Schlafwagen und sein Einzelabteil, das er sich schuldig gewesen zu sein glaubte. Er zögerte einen Moment, als ihn der Schlafwagenkellner fragte, ob er noch einen Wunsch habe, dann wußte er urplötzlich, was er wollte, richtiger: zu wollen hatte. Denn war nicht vom Dichter in vergleichbarer Lage der Wunsch »Einen Riesling, bitte« erfolgt? Und hatte er nicht ein Gedicht über diesen Vorgang geschrieben, es »Riesling« genannt?

Als hätte ich mich je
nach was andrem gesehnt als
nach Sehnsucht

– memorierte der Kenner, während er Schlafanzug und Kulturbeutel auspackte.

»Damals war er noch jung, der Dichter«, dachte er. »Jetzt ist er alt und ausgebrannt. Armer Teufel!« Doch dann erinnerte er sich seiner eigenen, wenig rühmlichen Rolle am gestrigen Abend, und er schämte sich. Wer war er, den Dichter zu bedauern! Ein Herausgeber war er. Jemand, der einst lediglich weiterleben würde, weil er sich des Werks des Dichters angenommen hatte. Jemand, dem es nicht einmal vergönnt gewesen war, dem Dichter auch nur ein klein wenig dabei zur Seite zu stehen, dieses Werk auch im neuen Jahrtausend so weiterzuführen, wie er es durch die letzten vier Jahrzehnte des vergangenen Jahrhunderts gesteuert und vermehrt hatte. »Ein Riesenwerk«, dachte der Kenner. »Und was bin ich? Bestenfalls ein Zwerg auf den Schultern eines Riesen, dem wir das Werk zu verdanken haben. Ein Zwerg! Ein Wicht! Ein Nichts!«

Da klopfte es. »Und der Nachtkellner öffnet und sagt ›Il Riesling‹«, ging es dem Kenner durch den Kopf, als der Nachtkellner auch schon öffnete und »Il Riesling« sagte. Der Kenner dankte, zahlte großzügig und verriegelte dann die Tür. Erst als er sich auf dem Bett niedergelassen, ein Glas Wein eingeschenkt und einen großen Schluck getrunken hatte, wagte er es, das Schreiben des Dichters herauszuholen und den Umschlag zu öffnen. Er enthielt ein Blatt Papier in der Handschrift des Dichters, offenbar ein Gedicht, dem der Dichter noch den Zusatz hinzugefügt hatte, doppelt unterstrichen: »Danke für den Tag und nicht zuletzt für die Nacht!«

Das Gedicht aber hatte folgenden Wortlaut.

Fliegengedicht

Für die Fliegen bin ich schon tot.
Keine Gefahr zumindest.
Sie kriechen mir ins Ohr und aufs Brot.
In meinem Haus zumindest.

Die Fliegen glauben sich Herren der Welt.
Zumindest in meinem Haus.
Sie fürchten nicht Teufel, nicht Tod, nicht mich.
Zumindest sehn sie so aus.

Die Fliegen all werden vor mir verderben.
Wenn alles gutgeht zumindest.
Ich werde ha! leben, und die werden sterben.
Zumindest solang alles gutgeht.

»Na also, es geht doch!« sagte der Kenner zum Glas greifend, »Prost auch, alter Junge!« Und er hätte wohl selber nicht zu sagen gewußt, wen er damit meinte: Sich? Oder den Dichter? Oder des Dichters Werk?

Hilferuf und Aufschrei

Denken wir uns eine alte, aber herzengute Frau, die vor dem Fernseher sitzt und das Programm des Bayerischen Rundfunks eingeschaltet hat. Zur Zeit läuft die Sendung »Tiere suchen ein Zuhause«, soeben wird der Hilferuf des Tierheims Regen übermittelt, ein Zuschauer möge die Patenschaft für den zwölfjährigen, nicht mehr vermittelbaren Neufundländer Emir übernehmen, damit der weiterhin beköstigt werden könne. Er liebe es, auf der Couch zu ruhen und sollte trotz seiner altersbedingten Bequemlichkeit die Chance erhalten, seinen Lebensabend im Heim zu verbringen, da es doch nicht angehe, ihn einfach einzuschläfern: Wer hat ein Herz für Emir?

Zwei Tage später ging der folgende Brief beim Sender ein:

Sehr geehrtes Fernsehen!

Ich bin eine betagte, aber trotz verschiedener kleiner Behinderungen an Auge und Gehör begeisterte Zuschauerin Ihrer Sendungen. Glauben Sie mir, ich habe schon viel in meinem Leben erlebt und auch im Fernsehen miterlebt, aber noch niemals hat mich eine Sendung derart erschüttert, wie die letzte Folge von »Viele suchen ein Zuhause«.

Ist es denn soweit mit uns gekommen, daß der zwölfjährige Bub Emil aus den neuen Bundesländern eingeschläfert werden muß, wenn er hier keine Patentante findet? Ich habe das Kind nicht richtig erkennen können, da ich meine Brille vor der Sendung verlegt hatte, aber man kann doch nicht jemanden umbringen, nur weil er nicht so lebhaft ist und auf der Couch liegt! Was der Bub braucht, sind Anregungen und Spielkameraden, dann wird er schon die Bewegung im Freien dem Liegen auf der Couch vorziehen. Und wieso muß er im Regen leben? Ist sein Kinderheim denn derart heruntergekommen?

Ich habe mein Leben lang gearbeitet und dabei nie viel zurücklegen können. Aber was ich erübrigen kann, lege ich diesem Brief bei. Hoffentlich reicht der Betrag dazu aus, daß der Emil nicht nur nicht eingeschläfert werden muß, sondern auch auf eine Schule geschickt werden kann. Wann soll der Bub denn etwas lernen, wenn nicht jetzt?

Als vor Jahren die Mauer fiel, da haben sich die Menschen von Ost und West umarmt. Daß jetzt Kinder aus dem Osten hier im Westen umgebracht werden, wenn sie keinen Paten haben, das hat es nicht einmal unter Hitler gegeben!

Hochachtungsvoll
Ihre Therese Biermoser

Große Männer, kleine Männer

Denken wir uns einen Schriftsteller jenseits der besten Mannesjahre, nennen wir ihn der Einfachheit halber M. und lauschen wir seiner Antwort auf die Versicherung durchreisender Verehrer, er sei – sofern er so weitermache – auf dem besten Wege ein großer Mann zu werden, wenn er denn dieses Ziel nicht bereits erreicht habe –:

»Ob ein Künstler das Zeug dazu hat, ein großer Mann zu werden, das entscheidet sich schon in jungen Jahren, wobei das Scheidemittel niemand anderes ist als die Frau. Sofern es dem Mann gelingt, sich ihrer weitgehend zu enthalten wie Hölderlin oder Kafka, oder sich als Gefährtin eine nichtebenbürtige zu erwählen wie Goethe oder Heine, oder sich ihrer sei es materiellen, sei es intellektuellen, sei es artistischen Fähigkeiten zu bedienen wie Rilke oder Brecht – ein Mann sage ich, welcher einer dieser drei Haltungen der Frau gegenüber fähig ist, darf sich Hoffnungen darauf machen, eines Tages zu den großen, weil unbedingten Künstlern zu zählen. Wer aber im Weib den ebenbürtigen Mitmenschen sieht, sich gar eine Künstlerin als Gattin erwählt oder eine, die in den Wissenschaften vorankommen will, wer also Frauen in sein Leben und an seine Seite läßt, die nicht Partnerinnen, sondern Konkurrentinnen um stets kostbare Zeit und immer knappes Geld genannt zu werden verdienen, der« –

M. kam nicht dazu, diesen Satz zu vollenden, da ohne Voranmeldung ein weibliches Wesen den Raum betrat, die

Durchreisenden flüchtig grüßte, um sodann, des Gedankengangs, in welchen M. vertieft war, nicht achtend, folgendes herauszusprudeln: »Liebling, ich muß noch mal ins Stadtarchiv. Gehst du mit dem Hund raus? Und kauf Yoghurt, Müsli, Milch und Linseneintopf – gibt's alles im Reformhaus. Wenn du Brot willst, hol's aus dem Naturladen, die haben auch Tiefkühlbratlinge. Falls Evelyn anruft, sag ihr, daß ich sie zurückrufe, aber nicht vor zehn Uhr abends, wir haben doch heute Italienisch-Gruppe. Machst du mir rasch noch einen Kaffee? Komm, guck nicht so, das ist überhaupt nicht liebdurts! Aber wenn du mir jetzt einen Kaffee machst, bekommst du zum Dank einen Kusserts auf Mundi!«

Seufzend erhob sich M., um an der Kaffeemaschine zu hantieren.

»Wo war ich eigentlich stehengeblieben?« fragte er die Anwesenden, während er das Kaffeepulver einfüllte. »Was wollte ich noch sagen?« sinnierte er, während er Milch in ein Metallgefäß goß.

»Gleichviel«, sagte er, das Gefäß auf die erhitzte Herdplatte stellend, »wen schert schon, was ich sage oder mache? Ein ›Hyperion‹ wird dabei ebensowenig herauskommen wie ein ›Prozess‹, ein ›Faust‹ nicht und kein ›Deutschland, ein Wintermärchen‹, keine ›Duineser Elegien‹, ja nicht einmal eine ›Mutter Courage‹, das einzige, was bei mir herauskommt« – er stellte die Tasse in die Maschine und drückte einen Knopf –, »ist, wie ihr seht, Kaffee.«

Der lief nun langsam und unter starkem Gebrumm in die Tasse, ein Vorgang, welchen die Verehrer derart betreten verfolgten, daß M. sich gezwungen sah, sie etwas aufzumuntern: »Wenigstens produziere ich auf meine alten Tage keinen kalten Kaffee, wie einige meiner verehrten Altersgenossen« – er reihte einige Dichternamen aneinander, die der Schicklichkeit halber nicht wiederholt werden sollen –, »sondern einen superfeurigen Eins-A-Spitzencappuccino.«

Und mit diesen Worten nahm er das Milchgefäß vom Herd, überprüfte mit der Fingerspitze die Temperatur seines Inhalts, um sodann in Richtung Tür zu rufen: »Schatz, es ist Zeit! Dein Kaffee wird sehr groß!«

»Aber bitte mit Rilke!« erscholl es vom Flur, und lächelnd machte sich M. daran, die erhitzte Milch aufzuschäumen.

Versucht vor Florida

Denken wir uns das immer flüssige Meer. Und verdenken wir es uns unserem unseligen Seefahrer, den wir gleich näher kennenlernen werden, nicht, daß er liebend gern hartes Land unter den Füßen spüren würde. Da es aber nicht so ist ...

Wasser hat keine Balken, ich habe keine Flossen, was habe ich hier verloren. Doch die Einflüsterungen der falschen Freunde waren zu verlockend gewesen.

»Gene bereitet dir den frischesten Hummer deines Lebens, direkt an Bord«, hatte der erste gesagt.

»Du wirst dir doch nicht einen Trip auf Genes Motoryacht entgehen lassen!« hatte der zweite hinzugefügt.

»Wenn man schon mal am Meer ist, muß man auch aufs Meer«, hatte der dritte dreist behauptet.

»Na gut«, war meine Antwort gewesen, nun bekomme ich die Rechnung für soviel Gutmütigkeit präsentiert.

O Gott, ist mir schlecht. Der Bootsrand hebt und senkt sich, hebt und senkt sich, hebt und senkt sich. Hebe ich den Kopf, so sehe ich weit entfernt die Küste Floridas, die sich hebt und senkt, hebt und senkt, hebt und senkt. Lehne ich den Kopf auf die Bootsbank zurück, sind da über mir Köpfe der falschen Freunde, die sich vor dem makellosen Spätnachmittagshimmel heben und senken, heben und senken, heben und senken. Und wo ist Gene?

Der speert gerade auf dem Meeresgrund den frischesten Hummer meines Lebens, und ich durchleide den

ältesten Kummer der seefahrenden Menschheit, die See-
krankheit.

Wenn wir die See wenigstens befahren würden! Aber wir
haben ja Anker geworfen und dümpeln nun hin und her,
eine Nußschale in einem leicht ungehaltenen Atlantik, der
mit jemandem wie mir leichtes Spiel hat, mir wird ja schon
schlecht, wenn ich an einer Schaukel vorbeigehe.

»Auch einen Weißwein?« fragen die falschen Freunde und
halten mir einen randvollen Plastikbecher hin. Dafür werden
sie dermaleinst sehr leiden müssen, in jener Spezialhölle für
Seekrankheitsverhöhner, die nicht einmal ein Dante sich aus-
zumalen wagte: In der Trommel einer riesigen Wasch-
maschine werden sie sich alle wiederfinden, und die wird
rund um die Uhr laufen und ihr wird nicht Wasser, sondern
lauwarmes Altöl zugeführt werden, vermengt mit Lysol und
Essensresten, bedient von mitleidlosen Unterteufeln, die hin
und wieder ihr »Auch einen Scheißwein?« ins unablässig rotie-
rende Inferno schreien. Ja, die werden schon sehen, wo sie
bleiben. Aber wo bleibt Gene?

Ach, daß er doch seinen schönen, gummigepanzerten Körper über die Reling wuchtete und mich hier liegen sähe. Er
wüßte, was zu tun ist: Leinen los! Alle Kraft an Land! Herr
Professor, dieser Mann hier hat Unsägliches durchgemacht –
wird er jemals wieder richtig trinken können?

»Wo bleibt Gene?« frage ich einen der falschen Freunde,
der sich gerade unbekümmert nachschenkt. Er deutet auf das
Meer. Wer schon öfter mit Gene draußen gewesen sei, der
wisse, daß er stets so lange unten bleibe, bis er genügend
Beute gemacht habe: »Gene ist halt ein Jäger.«

Was ist Gene eigentlich nicht? Als ich ihn das erste Mal sah,
bei jener Premiere im sommerlichen Deutschland, degradierte

er die Umstehenden durch die Bank zu Mängelexemplaren. Wo um Himmels willen wurden solche Männer hergestellt, aus derart kostbaren Materialien und dermaßen gut verarbeitet? Diese bronzene Haut! Diese wundersamen Löckchen, die diese Haut überzogen, bis hinein in die Ohren, unterschiedlich große, jedoch unterschiedslos perfekte Spiralen, wie ich sie bisher nur auf den Stirnen von Stieren der attischen Frühklassik gesehen hatte. Diese Herzlichkeit schließlich, mit der er alle Freunde seines Freundes, des Stars des Abends, ebenfalls zu Freunden erklärte und zu sich einlud, wobei er ihnen freilich die Qual der Wahl aufbürdete: Wohin denn nur? Ins New Yorker Penthouse? Auf die Farm in Pennsylvanien? In die Berghütte in Colorado? In die Villa an der Costa Smeralda? Oder in eines der beiden Häuser in Florida?

»Was für ein Mann!« hatte ich einem der Freunde des Stars zugeflüstert. »Wo gibt's die?«

»Glaubst du denn ein Wort von dem, was er sagt?« war die mitleidige Antwort gewesen, und erst widerstrebend, dann fast erleichtert, sah ich Gene ins fahle Licht des Zweifels getaucht: Stimmt! Eigentlich zu schön der Ganze, um wahr zu sein. Alles Schwindel? Um so besser! War ich etwa schön und reich und liebenswürdig? Wieso dann der?

Wie schlecht ich war. Wie schlecht mir ist. Wie sich der Küstenstrich Floridas hebt und senkt, hebt und senkt, hebt und senkt, so, als zucke da ein ganzer Kontinent angewidert die Achseln über soviel Unglauben: Du hast ihn des Schwindels verdächtigt, zur Strafe wird dir selber schwindlig sein, bis es dem Verdächtigen beliebt, wieder aufzutauchen, im Fangnetz den frischesten Hummer deines Lebens.

Gene ist ein Hummerjäger, und mich kann man mit Hummer jagen, jedenfalls jetzt, jedenfalls hier. »Seht ihn an, den

Hummer, trinkt er, wird er dummer« – habe ich das wirklich einmal geschrieben, lang, lang her, weit, weit weg, auf dem festen Lande, wo Trinken noch eine Freude und Hummer noch eine Speise war? Ob sie das je wieder für mich werden?

Die falschen Freunde freilich haben andere Sorgen. »Das dauert!« ruft der eine und durchstöbert die Bordküche. »Ich mach schon mal den Knabberwix hier auf!« »Cream-Crackers? Dazu paßt eigentlich nur ein 89er Nappa Valley«, wird ihm zur Antwort. »Auch einen?«

Die Hölle, das sind die anderen, doch in diese Hölle bin ich durch eigene Schuld geraten. Ich hatte dem Zweifelteufel den kleinen Finger gereicht, der hatte die ganze Hand genommen und ist nun dabei, mich zu wiegen und zu wiegen und zu wiegen, das Ausspeien überläßt er dann wieder mir, geschieht mir ganz recht, meine Rede sei ja, ja, nein, nein, was darüber ist, ist von Übel –

»Man ruft mich?«

Wie kommt dieser dürre Kerl plötzlich aufs Boot?

»Nein. Wieso?«

Er zuckt die Achseln und lupft sein Hütchen. Zart zittert die Hahnenfeder im Abendwind.

»Mir war janz so, als habe jemand meinen Namen anjerufen«, sagt er und zupft fast verlegen an den etwas zu kurzen Ärmeln seiner grünen Joppe.

»Wer sind Sie denn überhaupt?«

»Jestatten, von Übel, Jeneralvertreter. Und was machen wir denn so? Wir werden jerade jepeinigt, stimmt's? Jut, jut, nicht stören lassen, sehen ja schon janz jrün aus im Jesicht. Und warum wird er jepeinigt? Erzählt doch mal was, Kinder!«

Wieso scharen sich die falschen Freunde derart eifrig um

den Dürren? Was mögen sie ihm mitzuteilen haben? Weshalb schaut er plötzlich starr und ungläubig in meine Richtung?

»Ach was! Sie haben also Ihren Mitmenschen und Wohltäter, den Herrn Gene, der Teufelei bezichtigt?«

»Keineswegs!« antworte ich so fest es meine wacklige Lage erlaubt. »Ich habe lediglich nach seinem Pferdefuß gesucht. Ist doch menschlich.«

»Und? Jefunden?«

Aber nein. Wie denn auch, bei Genes amphibischer Lebensweise? Im Ozean des Geldes war er zu Hause, dort ließ er sich und sein Mobilphone von wechselnden Strömungen mitreißen, erwarb Zitrushaine in Texas und Weinberge in Kalifornien, Supermarktbeteiligungen und Junkbonds und stieß sie alle ab, wenn ihm sein Schweizer Gewährsmann, angeblich der bedeutendste Privatbankier dieses mit Banken gesegneten Landes, steckte, das Große Geld fließe mittlerweile in den Pacific Rim, Richtung Hongkong, Singapur, Malaysia, Kuala Lumpur –

»Aha! Diese Schiene also! Braunjebrannter, reicher, auf den ersten Blick sympathischer Schönling entpuppt sich auf den zweiten als janz jemeiner Finanzhai –«

Der Tag schickt sich an, strahlend zu enden, ich bin dabei, elend zu verenden, aber bevor es so weit kommt, will ich noch rasch meinen Frieden mit der Welt und mit Gene machen. Doch mit welchem? Wer ist eigentlich der eigentliche Gene?

Gene, der Naturfreund, der seit seiner Jugend auf dem Lande Hunderte von Gewächsen gepflanzt hat und beim Namen kennt und zugleich dazu imstande ist, eine einzelne, durch menschlichen Unverstand verdorrte Eiche zu betrauern? Gene, der Kunstfreund, der bereits als junger Student damit begonnen hatte, die damals noch preiswerten, heute hochbezahlten Indianermaler des Neunzehnten Jahrhunderts zu sammeln, die Catlin, Bodmer, Bierstaedt? Gene, der Weltfreund, der nicht nur von allem den Preis wußte, sondern auch den Wert kannte? Gene, der Menschenfreund, der sich anstandslos die Küchenschürze umband, um seinen Freunden den Spezialsalat nach altitalienischem Familienrezept zuzubereiten? Gene, der Tierfreund, der keine Marlins mehr jagt, seit er nach vielstündigem, erbarmungslosem Kampf in das brechende Auge eines solchen Schwertfisches hatte blicken müssen? Eines Rekord-Marlins, nebenbei gesagt, der durch die Unachtsamkeit des Mitanglers unwiederbringlich in den Fluten der Karibik versank und mit ihm das Preisgeld von 50 000 Dollar. Oder waren bei diesem Wettangeln gar ganze 100 000 ausgesetzt gewesen?

Der reiche Mann und das Meer – warum bin ich kein Papa Gernhardt? Das alles schreit doch geradezu danach, festgehalten zu werden – warum ist hier alles so wacklig? Und warum taucht Gene nicht wieder auf? Weil er noch keine Beute gemacht hat? Oder weil er selber die Beute eines der Seeungeheuer einer seiner ungeheuerlichen Unterwassergeschichten geworden ist, des unglaublich mächtigen Tigerhais oder der unvorstellbar riesigen Muräne?

Wie viele Möwen plötzlich über mir kreisen! Galten sie nicht als die Geier der Meere? Oder waren sie die Polizei der Wasserwüste?

In ihr Schreien mischt sich Gesang. Mit ruckartigen Bewegungen seiner dürren Arme dirigiert von Übel die falschen Freunde, die lauthals einen genefeindlichen und seekrankheitsverachtenden Kanon intonieren: »Wir haben Hunger,

Hunger, Hunger, haben Hunger, Hunger, Hunger, haben Hunger, Hunger, Hunger, haben Durst. Wo bleibt der Hummer, Hummer, Hummer, bleibt der« –

Singt ihr nur so weiter! Bevor der Wasserhahn zum ersten Mal gekräht hat, werdet ihr Gene dreißig Mal verraten haben, mindestens, ich aber –

Da bricht der Gesang ab. Statt dessen starrt mich alles erst schweigend an, dann wird Getuschel laut:

»Jetzt wird er ironisch, unser jepeinigter Freund.«

»Das werden sie doch alle, bevor sie zu Kreuze kriechen.«

»Na, na, Jutester, nicht diese Töne!«

»Zum Teufel – ist mir doch nur so rausgerutscht!« Streng blickt von Übel, betreten schaut der falsche Freund, die beiden anderen versuchen ein Ablenkungsmanöver: »Seht nur, Pelikane!« »Und gleich so viele!«

Vier überqueren uns im Tiefflug, wie auf Schienen gleiten sie dahin, ich aber werde gehoben und gesenkt, gehoben und gesenkt, gehoben und –

»Jeschenkt!« ruft von Übel. »Kommen wir zur Sache, werter Jepeinigter! Sie wissen vermutlich längst, wer ich wirklich bin, Sie ahnen wahrscheinlich, was ich tatsächlich will« – und er streckt mir beidhändig etwas entgegen. Ein Papier und eine Schreibfeder? Eine Papiertüte und eine Reiherfeder?

O ja, ich habe ihn gleich erkannt. Groß Macht und viel List sein grausam Rüstung ist. Ich weiß aber auch, daß ich ihn mit einer Frage auf die Probe stellen darf. Vermag er die nicht zu beantworten, so ist er gescheitert, und lediglich ein Schwefelrüchlein wird an den Versuch einer Versuchung erinnern, also frisch gefragt: »Was haben Marmor, Stein und Eisen, ein Marlinauge und ich gemeinsam? Na?«

Doch von Übel zögert nicht, ist auch besser so, denn jeden

Augenblick droht mein Denkspiel Wirklichkeit zu werden: »Sie alle können brechen«, antwortet er und rückt mit seinen Gaben näher. »Wobei Sie, werter Jepeinigter, es in der Hand haben, ob das auch so bleiben soll. Eine Unterschrift – und Ihnen wird nie wieder von irgendwas schlecht werden. Ist das ein Anjebot?«

»Her mit dem Wisch!« So gesammelt es geht, beginne ich zu lesen: »Ja! Ich möchte einen Schnupperpakt mit dem Teufel schließen. Dafür erhalte ich kostenlos und unverbindlich« – da regt sich letzter Widerstand.

»Eigentlich habe ich mir so einen Pakt etwas würdiger vorgestellt!«

»Ich finde ihn auch reichlich amerikanisch«, antwortet von Übel achselzuckend. »Aber Er hat ihn nun mal so jewollt.«

»Ja, sind Sie es denn nicht selber?« will ich fragen und weiß doch bereits die Antwort. Kein Wunder, daß ich vergeblich nach Genes Pferdefuß gesucht hatte: Er ist der Pferdefuß.

»Bringen wir es hinter uns«, sagt von Übel und drückt mir die Feder in die Hand. »Ihr Aujust Wilhelm jeht auf die jestrichelte Linie!«

»Ja! Ich verschreibe gern meine Seele und nehme dafür den einmaligen Gutfühl-Service in Anspruch, bestehend aus – «

Noch einmal lasse ich Papier und Feder sinken »Ja! Ja! Ja!« sage ich so spottlustig es meine marode Lage gerade noch erlaubt.

»Na ja«, räumt von Übel hüstelnd ein. »Wo bleibt das Nejative? werden Sie jetzt fragen. Tja – weiß der Teufel, wo das bleibt bzw. wo das jeblieben ist. Aber die Zeiten ändern sich und wir mit ihnen, Versuchte, Versuchungen und Versucher. Gene ist der Jeist, der stets bejaht. Oder können Sie sich einen Gene vorstellen, der irgend etwas verdammt?«

Die Frage ist so abwegig, daß ich trotz meiner Übelkeit lächeln muß. Wenn jemand alles pries, und das fortwährend, dann Gene. Is that beautiful – or what?! war sein Lieblingssatz, den er je nach Anlaß nur geringfügig variierte: Super! I love it! Noch seinen schrecklichen Sturz gestern, auf Wasserskiern bei hundert Stundenkilometern, hatte er, zurückgekehrt, unter Ächzen gefeiert: »Habt ihr mich stürzen sehen? Welch ein Sturz! Seit fünfzehn Jahren bin ich nicht mehr so gestürzt. Unbelievable!«

Ihr werdet sein wie Gene – war das nicht seit unserer Jugend die Geheim- und Kardinalversuchung unserer Rasse und Klasse gewesen? Hatten wir uns nicht jahrzehntelang gegen sie gewehrt? Unser Heil in immer neuen, immer differenzierteren, auch abwegigeren Neins gesucht? Und hatte nicht trotzdem einen nach dem anderen jene schwache Stunde ereilt, in welcher er zum Augenblicke sein »Verweile doch, du bist so schön« gesagt und diese Schwachheit auch noch als Hörnerabstoßen bemäntelt hatte, als Realitätstüchtigkeit, Reife gar, ja Weisheit?

Jäh begreife ich, warum den falschen Freunden nicht schlecht wird: weil ihnen gut ist. Kotzen kann nur der, der etwas zum Kotzen findet. Doch wer sucht schon freiwillig danach?

»Jenug jezaudert!« drängt von Übel, da beschwöre ich in letzter Not einen letzten, nur unter Mühen memorierten Gegenzauber: »Vater unser…« Und siehe da: Er wirkt! Immer dünner wird die Gestalt über mir, immer rauchförmiger, geradezu durchsichtig, immer fester fahre ich fort: »Und führe uns nicht in Versuchung, sondern erlöse uns von dem Übel« – und über das, was dann passierte, gibt es drei Versionen, meine, die der falschen Freunde und die Genes:

»Auf einmal kam es mir hoch – und dann habe ich vielleicht etwas zusammengereihert!«

»Auf einmal kamst du hoch – und dann hast du vielleicht etwas zusammengereihert!«

»Ich komme an der Bordwand hoch – und auf einmal reihert euer Freund vielleicht etwas zusammen! Voll auf das Hummernetz – habt ihr das gesehen? So etwas ist mir auf See noch nie passiert. Unglaublich! I love it!«

Glücksbringer

Denken wir uns einen Erzähler, doch lassen wir ihm etwas Zeit, mit dem Erzählen zu beginnen. Noch nämlich sitzt er im Wagen, schon hat er die Scheinwerfer ausgestellt, gleich wird er sich in der Nachtkühle dehnen und strecken, schon bald wird er die Nachtbilder rings um sich wahrnehmen können, die Silhouetten der Zypressen vor dem mondhellen Himmel, das Aufleuchten der Glühwürmchen im Dunkel des Olivenhains, das warme Licht der Leuchtkörper schließlich, die vom Parkplatz zu einem hell angestrahlten Hause geleiten, auf welchem der Angekommene aufatmend die Worte »Locanda Gianetti« liest: Er ist am Ziel!

Am Ziel und rechtschaffen müde. Acht Stunden Autofahrt liegen hinter ihm, das Auspacken und Einchecken hat er vor sich, gönnen wir unserem Erzähler also einen geruhsamen Tagesausklang, und das um so mehr, als er zur Zeit noch nichts zu erzählen hätte, was über »Scheint ein wirklich guter Tip zu sein, diese Locanda« und »Alles, was recht ist – Toskana vom Feinsten« hinausginge.

Das freilich soll sich bald ändern. Nicht gerade über Nacht, doch schon im Laufe des ersten Tages –

– Des ersten Vormittags!

– Ach ja? So rasch?

– O ja! Mittags war doch schon alles gelaufen. So daß ich nicht mehr – aber auch nicht weniger – anzubieten habe, als die Chronik eines merkwürdigen Vormittags. Oder sollte ich sagen: denkwürdigen?

Vorerst hielt der Tag, was die Nacht versprochen hatte. In dürren Zahlen – 20 Grad im Schatten, 60 % Luftfeuchtigkeit –, belegte der Barometer unter den Arkaden der Locanda, was keines Beweises bedurfte: Mich begrüßte, beschwingte, ja begeisterte bestes Juniwetter. Ein belebender Wind begleitete meinen Gang ums Haus, angeregt ließ ich mich ein wenig treiben, durch Duftschleusen ungeheuer gelben Ginsters ging es an silbrigen Ölbäumen vorbei, bis zu einem höher gelegenen Pinienhain, der einen unerwartet weiten Blick auf scherenschnittartig gestaffelte Hügelketten rahmte, welche von der mattblauen Silhouette einer turmreichen Stadt gekrönt wurden: Natürlich! Siena!

Welch stolze Verlockung. Augenblicklich beschloß ich, ihr zu folgen. Ich kannte Siena noch nicht, gleich nach dem Frühstück wollte ich dem Versprechen die Anschauung folgen lassen. Also Frühstücken! Ich wandte mich um, da erblickte ich am Boden ein etwa fünfzehn Zentimeter langes, dünnes Etwas, ein Ding, für das mir auf Anhieb jeder Begriff fehlte. Was lag da vor? Ein federloser Federkiel? Doch seit wann sind Federkiele hell und dunkel gestreift, und das, ich begann nachzuzählen, im regelmäßigen Wechsel elf Mal?

Was auffällt, wird aufgehoben. Mit dem Fund in der Hand betrat ich die Terrasse der Locanda. Sie war leer bis auf Gianetti, der meinem Rätseln rasch ein Ende bereitete: »Ah! Stakkelswein!«

»Wie bitte?«

»Das ist Stakkel von Stakkelswein.«

»Eine Stachelschweinborste? Wirklich?«

O ja! Dieses Tier sei im sienesischen Toskana häufig, wenn auch selten zu sehen. »Stakkelswein ist Nakkttier.«

»Nackt? Aber es hat doch Stacheln!«

»Nikt nakt Tier! Nakttier!«

Ein Nachttier also. Erfreut über den fremdartigen Fund nahm ich an einem bereits für mich gedeckten Tischchen Platz, einer Anwandlung von Finderstolz folgend steckte ich die exotische Borste in eines der Hörnchen, da signalisierten herzliche Begrüßungsworte einen weiteren Gast, eine junge Frau, die von Gianetti an den für zwei Personen gedeckten Nachbartisch geleitet wurde. Ich erinnerte mich des Hamburger Wagens, den ich bei meiner Ankunft auf dem Parkplatz wahrgenommen hatte, und dachte mir mein Teil. Wo mochte der Begleiter stecken?

Landsleute grüßen einander. Mein »Guten Morgen« wunde mit einem zerstreuten Lächeln beantwortet, das freilich rasch einem nachdenklichen Ausdruck Platz machte.

Taktvoll wandte ich den Blick, gesammelt widmete ich mich dem Frühstück, da beschlich mich das Gefühl, selber betrachtet zu werden. Ich schaute auf, und unsre Blicke trafen sich.

»Ich ...«

»Ja? Kann ich Ihnen irgendwie behilflich sein?«

»Um die Wahrheit zu sagen: Das können Sie. Aber es fällt mir schwer, die richtigen Worte zu finden.«

»Reden Sie ruhig.«

»Ich ... ich möchte Sie um etwas bitten.«

»Ach ja. Und worum?«

»Liegt Ihnen viel an Ihrer Stachelschweinborste?«

Das war erklärungsbedürftig, und die Erklärungen ließen denn auch nicht auf sich warten. Dennoch sollte es etwas dauern, bis ich mir einen Reim auf die Erzählung der jungen Frau machen konnte. Da war zunächst von Erik die Rede –

»Erik?«

»Mein Freund.« Sie deutete nach oben. »Er ruht noch. Er muß sich schonen.«

Sodann kam Krankheit ins Spiel, oder doch der Verdacht einer schwerwiegenden Erkrankung: »Schwarzfieber!« Sie flüsterte es fast.

»Schwarzfieber? Hier in der Toskana?« fragte ich ungläubig.

Aber nein, dieses bösartige Leiden habe sich der Erik möglicherweise in Gabun geholt, wo er als Ingenieur tätig gewesen sei. Seit seiner Rückkehr fühle er sich so schwach, so anders, so merkwürdig ausgebrannt, schließlich sei er zum Hamburger Tropeninstitut gegangen, und nun warteten sie seit geschlagenen zwei Wochen auf dessen Befund…

»Oh, das tut mir leid. Doch was hat diese Stachelschweinborste mit alldem zu tun?«

Der arme Erik – wieder wiesen dunkler Blick und schöne Hand unwillkürlich nach oben – habe die Ungewißheit in Hamburg schließlich nicht mehr ausgehalten. Gemeinsam seien sie vor einem Woche hierher geflüchtet, und da hätte sich bereits am ersten Tag so etwas wie ein Hoffnungsritual herausgebildet: »Begrüße ich den Erik des Morgens mit einer von mir gefundenen Stachelschweinborste, so ist der Tag dagegen gefeit, mit einer schlechten Nachricht zu enden.«

Und bisher sei ja auch keiner ihrer Morgengänge ohne Borstenfund verlaufen, heute jedoch…

Aufseufzend schaute sie auf meine Trophäe. »Wo doch spätestens heute das Fax aus Hamburg kommen soll…«

»Der Befund?«

Sie nickte verlegen, worauf ich kommentarlos und ohne zu zögern die lange Borste aus dem Hörnchen zog, um sie ihr –

als handelte es sich um eine langstielige Blume – betont chevaleresk zu überreichen. Sie dankte mit einem angedeuteten Hofknicks, mit einem strahlenden Lächeln sowie mit den Worten »Heute haben Sie einen Menschen sehr, sehr glücklich gemacht«. Und fort war sie, ohne ihr Frühstück angerührt zu haben.

Zwei Stunden später – ich bestieg gerade den Wagen, um nach Siena aufzubrechen – fiel mir ein, daß ich möglicherweise meinen Pass würde brauchen können, den ich, italienischem Hotelkodex folgend, am Vorabend in der Locanda hatte abgeben müssen. Ich kehrte um, betrat die Rezeption und stutzte: Am Tresen stand ein braungebrannter junger Mann, in der linken Hand ein Blatt Papier, in der rechten eine Art Stöckchen, mit dem er ungeduldig auf die Granitplatte des Tresens trommelte. Sollte das Erik sein? Dann war ihm die Woche bei Gianetti aber erstaunlich gut bekommen. Und sein Schlagwerkzeug da: War das nicht mein Fundstück?

In mir stritten Neugierde und Takt, und die Neugierde siegte.

»Hat sie Glück gebracht?« fragte ich auf die Borste deutend.

So reden Eingeweihte, doch Erik zeigte kein Zeichen der Verwunderung. »Ach was! Pech hat sie gebracht. Pech, Pech, Pech!«

Ich glaubte zu begreifen und deutete auf das Papier in Eriks Hand:

»Liegt ein ernster Befund vor?«

»Ein todernster.«

»Sie müssen« – ich suchte nach dem passenden Wort – »zurück?«

»Ich muß zurück, und ich muß« – er machte eine unheilschwangere Pause – »zahlen.«

»Sie meinen die ... die ... Arztkosten?«

Erik wandte den Kopf und musterte mich verständnislos.

»Die Hotelkosten!« Fast knurrend vorgebrachte Worte, die er mit erneutem Borstengetrommel untermalte, diesmal das Papier in seiner Linken als Resonanzboden nutzend. »Diese ganze verdammte Rechnung hier. Wo bleibt denn der Gianetti?«

Der ließ sich Zeit, so daß ich die ganze traurige Wahrheit erfuhr. Daß Erik und seine Begleiterin bereits am ersten Tag in der Locanda eine Wette eingegangen seien: Wer die längste Stachelschweinborste findet, wird vom anderen eingeladen. Daß er seit Tagen so gut wie uneinholbar geführt habe, bis sie vor zwei Stunden mit ihrem heutigen Fund aufgetaucht sei. Daß er nun den ganzen Bettel löhnen müsse, sechs Tage Halbpension in diesem sauteuren Schuppen! Sowie die ganzen Getränke! Und alles wegen dieser Scheißborste hier! Drei weitere wütende Schläge, dann legte Erik den unheilvollen Stachel aus der Hand und begann nach Gianetti zu läuten.

»Glück muß der Mensch haben«, sagte ich, um irgend etwas zu sagen.

Erik unterbrach sein Läuten und nickte grimmig: »Die Frau hat mal wieder ein Mordsschwein gehabt.«

»Ein Mordsstachelschwein«, korrigierte ich ihn und griff nach der Borste. »Brauchen Sie den Glücksbringer noch?« fragte ich so laut es ging, um das erneut einsetzende Geläute zu übertönen.

Im stillen aber dachte ich: Welch ein Pech für den guten Erik, daß Borsten nicht erzählen können, welch ein Riesenpech ...

Die Ehe der Mutter Teresa

Denken wir uns ungeschützt das Undenkbare. Denken wir uns Mutter Teresa, den albanischen Engel der Unseligen von Kalkutta, nicht als Nonne, sondern als verheiratet, und belauschen wir das Paar in einer Szene, die damit beginnt, daß Er eines Abends von der Arbeit von seiner Arbeit als Ingenieur ins karge Heim der beiden heimkehrt und Sie, zu seiner Verblüffung, in der Küche hantieren sieht.

ER Na, wolltest du nicht noch mal ins Spital, um den Todkranken Mut zuzusprechen?

SIE Eigentlich nicht. Ich dachte, heute abend könnten wir es uns gemütlich machen.

ER Wir? Sag mal ...

SIE Ich habe in den letzten Wochen über uns nachgedacht. Und da habe ich festgestellt, daß es für uns nicht gut ist, wenn ich jeden Abend ins Spital gehe. Unsere Gemeinsamkeit leidet darunter. Und da dachte ich, daß wir mal wieder einen netten Abend miteinander verbringen sollten. Ich koche dir das albanische Linsengericht, das du früher immer so gern gegessen hast, und du erzählst mir etwas von deinen Schachfreunden.

ER Von wem?

SIE Dickerchen! Du gehst doch immer Schach spielen, wenn ich noch spät im Spital bin, und ich weiß über-

haupt nicht, mit wem du da Schach spielst. Willst du mir
deine Freunde nicht mal vorstellen?

ER O Gott, ja, meine Freunde. Die warten sicher schon auf
mich, ich wußte ja nicht, daß du heute abend zu Hause
bleiben würdest. Ach, die machen sich sicher schon Sorgen um mich.

SIE Ach was, sie wissen dich doch in guten Händen. So,
und jetzt setze ich mal die Linsen auf.

ER *seufzt ostentativ.*

SIE Hast du was?

ER Ich nicht. Aber wenn ich an die armen Kranken und
Sterbenden in deinem Spital denke, dann ist mir, als würden die alle ihre ausgemergelten Arme heben und mit
ihren dünnen, dünnen Fingern auf mich zeigen.

SIE Aber warum denn?

ER Weil ich ihnen das einzige wegnehme, was ihnen auf
Erden noch geblieben ist an Hoffnung und Vertrauen.

SIE Wovon redest du denn?

ER Von dir, Teresa. Von dir, die ich Egoist an mich binde,
obwohl ich doch weder krank noch gar todkrank bin.
Oh! Wie werde ich diese Schuld bezahlen müssen, wenn
ich dermaleinst vor meinem Richter stehe und er mich
fragt: Stimmt es, was diese Menschen behaupten? Hast
du ihre Mutter Teresa davon abgehalten, sich um ihre sterbenden Kinderlein zu kümmern?

SIE Aber Liebster, wie redest du da? Es war doch mein Einfall und mein Wille, heute abend bei dir zu bleiben.
Dafür kannst du doch nicht bestraft werden!

ER O doch! Und das gleich aus zwei Gründen! Erstens hatte
ich mir das schon lange so sehr gewünscht, wieder einmal
einen netten Abend mit dir zu verbringen – und unbe-

wußt mußt du diesen Wunsch gespürt haben, würdest du sonst gegen alle Gewohnheiten deine Sterbenden allein lassen, Menschen, die vor dem grauenhaften Nichts stehen, und doch so glücklich sein könnten, hieltest du ihnen nur die Hand. Und zweitens...

SIE Aber ich lasse doch niemanden im Stich. Schwester Maria ist doch im Spital, warum soll die nicht auch mal Nachtdienst machen, warum immer nur ich?

ER *lacht bitter auf.* Wie wenig du doch über dich weißt, Teresa! Nichts weißt du vom Unterschied, den es macht, ob du, die reife Frau, den Sterbenden die Hand hältst, oder so ein junges unreifes Ding wie Schwester Maria. Wo soll denn dieses halbe Kind die spirituelle Kraft herbeziehen, die du den Sterbenden in so großem Maße spendest? Schwester Maria? Heute nacht wird Kalkutta sehr viel mehr Unglückliche als sonst beherbergen. Und du – ich! – werde schuld sein und zur Rechenschaft gezogen werden. O wäre ich doch schon tot!

SIE So darfst du nicht reden! Aber wenn ich deine Furcht dadurch besänftigen kann, dann gehe ich eben noch mal ins Spital. Vielleicht hast du recht, vielleicht gehöre ich wirklich ans Sterbebett und nicht hinter den Kochtopf. Ja. Gut. Ich gehe.

ER Und Schwester Maria?

SIE Die mag wie üblich die Nacht zu Hause verbringen. Sieht in letzter Zeit sowieso etwas angegriffen aus, das arme Ding. Hat Ringe unter den Augen, als ob sie zuwenig schliefe. Versteh einer die Menschen. Kümmerst du dich um das Linsengericht?

ER Aber natürlich. Für diese Linsen hätte ich ja beinahe meine Seligkeit aufs Spiel gesetzt. Für ein Linsengericht!

225

Sie gibt ihm lächelnd einen Kuß auf die Stirn und geht.
Er wartet, bis die Schritte verhallt sind, dann hastet er
zum Telefon.

»Geben Sie mir mal Schwester Maria. Ja, es ist eilig.
Bist du dran, Maria? Du, meine Frau kommt heute doch
noch mal ins Spital. Ja wir können uns treffen, Spatzi. Ja,
bei dir natürlich, wie üblich. Ich eile! Ich fliege!«

Achtundzwanzig, achtundvierzig, achtundsechzig

Denken wir uns drei Schriftsteller, einen jungen, einen mittleren Alters und einen, der seine besten Tage bereits gesehen hat.

Denken wir uns den ersten der drei Schriftsteller achtundzwanzigjährig, ehrgeizig und auf Einkünfte angewiesen, die ihm die Kulturprogramme der Funkanstalten bescheren. Jede freie Zeit nutzt er, um an seinem, wie er hofft, epochemachenden Hauptstadtroman zu arbeiten, immer wieder muß er das, wie er es nennt, »wirkliche Schreiben« unterbrechen, um, meist unter großem Zeitdruck, die Wünsche der Sendeanstalten zu erfüllen. So auch diesmal. Die Kulturredaktion hat ihn gebeten, einen Beitrag zur langen Mozart-Nacht anläßlich des 250sten Geburtstags des Komponisten zu liefern, und er hat zugesagt, ein etwa zehnminütiges Hörbild zu Leben und Werk des Komödienschreibers Beaumarchais zu verfassen, jenes Mannes also, dem Mozart die Vorlage zu seiner Oper »Die Hochzeit des Figaro« verdankte.

Hatte er den Termin schlicht verschwitzt oder ganz einfach verdrängt? Jedenfalls fällt ihm am Abend siedendheiß ein, daß tags darauf Ablieferungstermin ist und daß er es vollkommen unterlassen hat, sich um Quellenmaterial zu bemühen. Alles, was ihm in seiner Dachwohnung zur Verfügung steht, ist eine von Dirk Böttger verfaßte Mozart-Monographie, in welcher sich auch eine äußerst geraffte Biographie des Komödienschreibers findet, eines Mannes, der, wie unser Schriftsteller rasch erkennt, noch sehr viel mehr als nur ein Autor war. Wie das alles auf die Reihe, wie die Kurzinformationen über die volle Distanz von zehn Minuten bringen? Da reift im Gehetzten ein verwegener Plan: Er wird die Lebensdaten der Monographie wörtlich übernehmen und immer dann, wenn es sich anbietet, seiner Einbildungskraft die Sporen geben. Gesagt, getan. Aber auch wohlgetan?

Beaumarchais, der Autor des ›Figaro‹.
Ein Hörbild

Pierre Augustin Caron de Beaumarchais, 1732 bis 1799, geboren in Paris ...

– Rabäh! Rabääh!! Rabeläääh!!!
– Olalala! Mon fils ist ein Knab très intelligent! Mon amour – er soll heiße wie son père!
– Oh mon pauvre mari! Isch weiß doch gar nischt, wer son père war. Der kleine Pierre, der dicke Augustin oder der dünne Caron?
– Pas de problème, mon bijou! Wir nenne den Knab ganz einfach Pierre Augustin Caron!
– Tu es un trésor, mon mari!

... in Paris, wo er die meiste Zeit seines Lebens verbrachte, erlernte zunächst das Uhrmacherhandwerk seines Vaters ...

– Mon père! Voila cette horloge! Machte nix ticke tacke!
– Mon fils, isch weiß, pourquoi: Du mußt die Uhr aufziehe. So.
– Machte jetzt aber tacke ticke, mon père!

– Merde!

... seines Vaters und erfand 1753 die Hemmung (Unruhe)...

– Papa, Papa! Isch abe eine invention gemacht! Sieh nur:
Die Emmung!
– Mon petit Pierre! Finger weg! Das bedeutet nichts als
Unruhe!

*... die Hemmung (Unruhe). Das brachte ihm zunächst einen
Prozess wegen Plagiats ein...*

– Monsieur le juge! Isch bin der wahre Erfinder! Isch war
schon unruhig als ce Beaumarchais noch gar nischt sur le
monde war!

*... wegen Plagiats ein, dann den Auftrag Ludwigs XV. zur
Herstellung einer Uhr für die königliche Mätresse Madame
Pompadour...*

– Voilà cette Uhr, Madame Pompadour! Die tickt so lieb,
die tackt so weisch, als tuckte sie im Immelreisch.
– Monsieur de Beaumarchais! Ihre Uhr kann tucken?
– Mais oui, Madame. Das müßt Ihr schlucken!

... Madame Pompadour. Wenig später heiratete er...

– Ma jeune fille! Bist du bereit, Pierre Augustin Caron de
Beaumarchais zu deinem rechtmäßigen mari zu nehmen?
– Monsieur le Abbé! Wie komme Sie dazu, meinen mari als
rescht mäßig zu bezeischnen?

… heiratete er, wurde des Giftmords an Frau und Gönner
beschuldigt …

– Monsieur de Beaumarchais! J'accuse! Mord est sévèrement
interdit! Wie kam es zu diese Mord an Ihrer Frau und ihrem
Gönner?
– Aber isch bin doch unschuldisch, Monsieur le juge! Isch
wollte misch doch selber umbringe, aus Kummer über ma
femme und ihren Gönner, als isch mein Fliegenpilzragout an
Arsenpanade bereitete. Doch dann mußte isch kurz la maison
verlassen, um noch etwas Salzsäure zum Abschmecke zu ole,
und just in ce moment kamen ma femme und ihr Gönner
nachhause, hungrig vom faire l'amour, und die abe die ganze
Pfann radicalement leergeputzt. O quel dommage! Isch bin
untröstlisch!
– Wegen den beiden Toten, Monsieur de Beaumarchais?
– Non! Wegen dem schönen Ragout, Monsieur le juge!

… und Gönner beschuldigt, fiel nach Aufgabe seiner Uhr-
macherwerkstatt in Armut …

– Oppla!

… in Armut, wurde Vertrauter und dann Nachfolger des könig-
lichen Finanzmaklers …

– Monsieur de Beaumarchais! Isch kann Ihne doch totale-
ment vertraue?
– Mais oui, Monsieur le Finanzmakler royal! Sie könne mir
alles anvertraue! Toutes les finances royales!
– Oh! Très gentil. Bittesehr!

– Merci, Monsieur le Ex-Finanzmakler royal. Et maintenant muß isch Ihnen leider eine Tritt gebe!
– Mais pourquoi, Monsieur de Beaumarchais?
– Weil isch Ihr Nachfolger bin, was zur conséquence hat, daß Sie jetzt in Armut falle, pauvre cochon.
– Oppla!

… des königlichen Finanzmaklers, erwarb Titel und Ehren-ämter, arbeitete sich erfolgreich in finanzielle Großprojekte, spekulierte, tummelte sich inmitten politischer Kabalen…

– Oh mon Pierre! Du willst misch doch niscit schon verlassse! Isch würd so gern weiter mit dir fummeln!
– Pas de temps, ma petite. Isch muß misch tummeln!
– Aber doch offentlisch niscit inmitten politischer Kabalen?! C'est très dangereux!
– Précisément da, ma mouche!

… politischer Kabalen, hielt sich wegen eines Ehrenhandels seiner Schwester in Spanien auf…

– Où est ma sœur, Don Clavigo?
– Sprechen Sie bitte spanisch mit mir, Señor Beaumarchais!
– Das war jetzt aber allemand!
– Immer noch besser als französisch, hombre!
– Mein Schwester ist ier in Spanien wegen ein Erenandel.
– Ach ja? Hat sie ihre Ehre denn schon gewinnbringend los-schlagen können?
– So redet man niscit mit dem Bruder meiner Schwester! Nimm dies! Und dies!
– Aber ich kenne den Herrn doch überhaupt nicht!

231

– Und das!
– Ohhhh! Viva la muerte!

*… in Spanien auf, geriet unter Verdacht der Urkundenfälschung
und Korruption, sowie in eine Liebesaffäre, die ihn ins Gefängnis brachte…*

– Monsieur de Beaumarchais! Isch verurteile Sie!
– Wege die ganze gefälschte documents, Monsieur le juge?
– Non!
– Wege ma corruption?
– Mais non!
– Pourquoi dann?
– Wege Ihre affaire d'amour!
– Aber isch abe doch zu Madame Récamier ledischlisch
gesagt: Zieh disch aus, kleine Maus, mach disch nackisch! –
Und das war eine strafbare Beleidigung, Monsieur de
Beaumarchais!
– Was? Das ›mach disch nackisch‹?
– Non! Das ›kleine Maus‹! Madame de Récamier legt Wert
darauf, als ›große Maus‹ angeredet zu werden! Trois années
prison wege Beleidigung! Abführe!

*… ins Gefängnis brachte. Kaum entlassen klagte man ihn
wegen Bestechung an, doch seine erwiesene Unschuld bahnte
ihm den Weg zu Ansehen und geschäftlichem Vermögen; er
gründete eine Waffenfabrik…*

– Monsieur de Beaumarchais, isch möschte mitarbeite in
der nouvelle usine.
– Was bist du von profession?

– Bäcker.
– Und was suchst du dann in eine Waffenfabrik?
– Oh pardon! Isch atte gehört: Waffelfabrik!
– Tz, tz, tz …

*… belieferte die am amerikanischen Unabhängigkeitskrieg
beteiligten französischen Truppen, stieg zu einem ebenso einfluß-
reichen wie gehaßten Kaufmann mit weitreichenden Verbin-
dungen auf, begann mit seiner literarischen Tätigkeit …*

– Ah, isch möschte so gerne literarisch tätig sein! Doch wie
beginne isch nur, ma jolie?
– An deiner Stell würde isch erst einmal zum Friseur gehe,
bevor isch irgendwas beginne würde, mon léon!
– Oh merci mon bijou! Isch beginne mit eine Friseur, non
mit zwei, non mit drei!

*… literarischen Tätigkeit, wurde zu einem der bedeutendsten
französischen Komödienschreiber, vor allem mit seiner ›Figaro‹-
Trilogie, setzte sich für die Rechte der Autoren ein und
wurde so zu einem Ahnherrn des europäischen Urheberrechts …*

– Qui es-tu, mon enfant?
– Isch bin das europäische Ueberrescht, isch stecke aber
noch in die Kinderschuh.
– Dann komm auf mein Schoß, kleine Mann! Isch bin dein
grand-père!

*… europäischen Urheberrechts. Während der Französischen
Revolution ständigen Bedrohungen ausgesetzt, entging er mit*

Glück und Raffinesse mehreren Mordanschlägen und Todes-
fallen ...

– Concièrge! Wieso is die Trepp so glatt gebohnert?!
Da kann man sisch ja zu Tode fallen!

... und Todesfallen, wurde mehrmals inhaftiert, floh von Paris
nach Hamburg ...

– Ümmel, Ümmel!
– Mors, Mors, Herr de Beaumarchais. Ischa schön, daß Sie
unserer Einladung zum traditionellen Kohl-und-Pinkel-
Essen gefolgt sind! Und nun: Guten Appetit!
– Was soll isch esse? Das? Das bekommt mir nischt!
– Hau rein, alter Franzose!

... nach Hamburg und kehrte als kranker Mann in seine Vater-
stadt zurück ...

– Monsieur de Beaumarchais, Sie gefalle mir aber gar nischt!
– Monsieur le docteur, Sie solle misch nischt eirate, sondern
eile! Was fehlt mir?
– Je ne sais pas! Zeige Sie mal Ihr Portemonnaie!
– Das at keine Sinn. Isse ganz und gar leer!
– Dann fehlt Ihne Geld, Monsieur de Beaumarchais. Und
one Geld keine Eilung!

... in seine Vaterstadt zurück, wo er mit 67 Jahren starb.

– Wer wird denn da zu Grab getrage?
– Un certain Monsieur de Beaumarchais.

– Nie geört!

– Non? Der war doch der Autor des ›Figaro‹!

– Ah wirklich? Und was at er sonst noch so gemacht?

– Isch es Ihne erzähle, der Weg zum Friedof ist noch lang.
Écoutez! Pierre Augustin Caron de Beaumarchais, 1732 bis
1799, geboren in Paris, wo er die meiste Zeit seines Lebens
verbrachte …

Hoffen wir, daß unser erster Schriftsteller mit seinem
Bubenstück durchkommt und denken wir uns flugs den
zweiten.

Denken wir ihn uns achtundvierzigjährig, nicht erfolglos
und bereits so weit abgeklärt, daß er um seinen Platz in der
Welt der Literatur seiner Zeit weiß. Trotz der einen oder anderen Übersetzung der einen oder anderen seiner Erzählungen
ist er ein Autor seines Sprachraums geblieben, woran sich
nach Lage der Dinge zu seinen Lebzeiten nicht mehr viel
ändern wird. Was naturgemäß zur Folge hat, daß er nicht
erwarten darf, der berühmte Anruf aus Stockholm könne
eines Tages auch ihn erreichen. Doch womit man nicht rechnen darf, davon kann man immer noch träumen, und das tut
unser Schriftsteller denn auch hin und wieder. Wollemer mal
in ihn reinhorche?

Ja, der bin ich. Ja, ja, der Schriftsteller. Ja, ja, ja, persönlich am
Apparat. Von wo rufen Sie an? Von Stockholm … Das ist
Schweden, nicht wahr? Und mit wem habe ich die Ehre? Mit
Herrn … wie war das? Smörrebröd? Ach nein – Ehren-
ströhm?

Also gut, Herr Ehrenströhm – worum geht's? Ich bin ein bißchen im Druck, weil ich doch noch in den Copy-Shop muß, und der...

Ach was! Es geht um einen Preis? Was für einen Preis denn? Hat der was mit Schweden zu tun? Da sollten Sie besser meine Frau fragen, die kennt sich in schwedischen Preisen besser aus. Ich war nämlich noch nie bei Ikea...

Wie bitte? Es geht um den Nobél-Preis? Nobél? Spricht man das bei Ihnen in Schweden so aus? Wir hier in Deutschland sagen schlicht und einfach »nobel«. Ich fahre ja auch einen Opel und keinen Opél.

Ach so! Der Stifter Ihres Preises heißt Nobél! Ist das etwa Ihr Zweitname? Nein? Der Stifter ist bereits verstorben? Das tut mir aber leid. War es etwas Ernsthaftes?

Ach was! Der ist schon über hundert Jahre tot? Da hält sich der Schmerz ja in Grenzen...

Ach ja – und was habe ich mit alledem zu tun? Also dieser Herr Nobél, wie Sie ihn nennen, der hat einige Preise gestiftet. Und einer soll an mich gehen. Sauber. Wofür soll ich den bekommen?

Ach nein! Für Literatur? Haben Se denn überhaupt schon mal was von mir gelesen, Herr Smörrebröd? Herr Ehrenströhm, richtig! Ach so! Sie sind lediglich der Sprecher von diesem... diesem... Nobél-Preis-Komitee. Und das wiederum ist mit der Schwedischen Akademie der Wissenschaften verbandelt, wenn ich Sie richtig verstehe... Und diese Herren, die haben mal was von mir gelesen? Dann sagen Sie denen doch schon mal unbekannterweise: Schönen Dank. Und wo liegt nun Ihr Problem, Herr Smörre... ströhm? Aha – ob ich den Preis überhaupt annehme. Verstehe... Ja, das hängt natürlich von den Details ab. Wer hat diesen Preis denn als letzter bekommen? Oje! Elfriede Jelinek! Und in welcher Sparte? Was – auch für Literatur? Tja, das ist nicht so gut. Beim Düsseldorfer Heine-Preis, da war ich auch ihr Nachfolger, und wenn sich das jetzt in Stockholm wiederholt, dann könnte das so ein Rüchlein von Vettern- bzw. Kusinenwirtschaft haben ...

Wie bitte? Doch – die Preissumme interessiert mich schon. Was haben Sie da gesagt? Rund eine Million Euro? Aufgerundet oder abgerundet? Und was muß ich dafür alles tun? Nur den Scheck entgegennehmen? Und den gibt mir der schwedische König? Nobel, nobel. Ach – und ein Essen spendiert der Monarch ebenfalls? Und von mir wird weiter nichts verlangt, als daß ich im Smoking – sehn Sie, sehn Sie, Herr Ehrenbröd! Da haben wir ein echtes Problem. Ich rauche nämlich nicht: No smoking – Sie verstehn? Ha ha ha. Kleiner Scherz meinerseits. Aber nun mal im Ernst. So was gibt es doch nicht für umme, wie wir in Berlin auf der Uni zu sagen pflegten. Eine Million Euro sind doch eine Menge Geld, da muß ein altes Mütterlein ganz schön lange für stricken ... Nein, nein, ich rede nicht von meiner Mutter, war nur so eine deutsche Redensart. Schwamm drüber, Herr Bärenböhm! Also – was erwartet mich in Stockholm sonst noch so?

Sehn Sie, sehn Sie – da haben wir den Pferdefuß, Herr Ehrenreich! Ich soll eine Lesung machen, wenn ich Sie richtig verstanden habe, stimmt's? Und die wäre dann von der Preissumme abgedeckt? Das sehe ich – mit Verlaub gesagt – etwas anders! Aber am besten reden Sie darüber mit meiner Agentur. Tom Produkt in Hamburg, die kümmert sich um die Verträge. Und die wird Ihnen auch verklickern, wie das zur Zeit bei mir läuft: Sockelbetrag, also Garantiesumme von Euro 1300.-, darauf kommen 16% Mehrwertsteuer, ist bei Lesungen so üblich, dann 60% des Eintrittserlöses oberhalb der Garantiesumme, eine gute Flasche Rotwein, nicht unter Euro 20.–, dann die Fahrtkosten Erster Klasse, dafür reise ich aber auch mit BahnCard 50 Prozent – gilt die überhaupt bei Ihnen in Schweden, die BahnCard? – Essenspauschale entfällt wegen spendablem König … ach ja! Und natürlich auch Übernachtung in einem ruhigen Hotel, mindestens drei Sterne … ja, das war's erst einmal. Lassen Sie sich die Sache durch den Kopf gehen, ich werde desgleichen tun und rufe Sie dann zurück. Aber nicht vor 18 Uhr, ich muß doch noch im Copy-Shop etwas ablichten, und da heißt es manchmal: Warten, warten, warten … Verbleiben wir so: Ich laß von mir hören. Stehn Sie im Stockholmer Telefonbuch? Unter Smörrebröd? Ach – ich erreiche Sie unter Schwedische Akademie der Wissenschaft.

Toll! Ein Preis, den man anrufen kann! Kleine Zwischenfrage: Kann man den eigentlich nicht auch schlicht und ergreifend abrufen? Na wie immer! Ich muß los! Tschau, man hört sich!

Lassen wir unseren zweiten Schriftsteller weiterträumen, denken wir uns rasch den dritten. Denken wir ihn uns achtundsechzigjährig, hören wir ihm zu, wie er anläßlich dieses Geburtstags auf die Frage antwortet, wie er denn mit sich und der Welt zufrieden sei: »Oh – ich sehe keinen Grund, unzufrieden zu sein. Ich habe eine von mir geliebte Frau, einen von vielen geachteten Beruf und eine von allen gefürchtete Krankheit – mehr kann man vom Leben eigentlich nicht erwarten.«

Inhalt

Nach- und Hinweise

Folgende Erzählungen sind bereits erschienen:

»Peinlich, peinlich, peinlich« in *Stern* vom 18.9.2003.

»Das Leonardo-Prinzip« in ADAC Reisemagazin 91 (Toskana) vom März/April 2006.

»Frauchen gesucht« in der Süddeutschen Zeitung vom 14./15.8.2003

»Versucht vor Florida« im Raben Nr. 39 (1994).

»Glücksbringer« in Nadine Barth (Hg.), Annika: Sie ist wie du und ich, München 2002.

Die drei Herren in der Erzählung »Irrtum, Irrtum, Irrtum« zitieren aus folgenden Quellen:

K. R. Eissler, Leonardo Da Vinci: Psychoanalytische Notizen zu einem Rätsel, Basel, 1992.

Hanns Fischer, Weltwenden: Die großen Fluten in Sage und Wirklichkeit, Leipzig, 1924.

Sigmund Freud, Eine Kindheitserinnerung des Leonardo da Vinci, Frankfurt am Main, 1995.

Grundlagen der marxistischen Philosophie: Russisches Lehrbuch, Berlin, 1959.